大元

風雲黃沙下的

鐵馬征途下的帝國傳奇

覃仕勇 著

戰火硝煙、權力博弈、文化交融……
書寫歷史奇蹟、重塑歐亞歷史！

樂律

大漠孤煙，煙硝四起
成吉思汗崛起、忽必烈統一中原
誰能在風起雲湧中掌控大局？

───── 元朝歷史比傳說更震撼人心！ ─────

目錄

前言 …………………………………… 005

第一章　開創霸業：成吉思汗的傳奇征程 ……009

第二章　一統天下：元朝的建立 ……………051

第三章　皇權交替：元朝歷代帝王 …………091

第四章　風起雲湧：元代的社會樣貌 ………123

第五章　文化燦爛：元代的藝術發展 ………153

第六章　亂世英雄：權謀與爭鬥 ……………203

第七章　斜陽餘暉：元朝的落幕 ……………241

目 錄

前言

首先，我們要分清楚蒙古帝國史和元代史的關係。

蒙古帝國史，是從成吉思汗的開基創業開始，到清朝征服蒙古為止。

元代史，只限於元朝統治中國時期，即自元世祖忽必烈定都燕京算起，至元順帝出關之日為止。從中國朝統來說，則更應該從宋亡之日，始由元朝繼統。即在元世祖之前的前四朝，以蒙古為中心，以漠北的和林為國都，並不能算入元代史範疇內。

那麼，同是少數民族建立的大一統政治，為什麼人們談論清史的熱度遠高於元史呢？

大致有四個原因：

一、元朝統治中原的時間只有九十七年，而清朝長達二百七十五年，自然，統治時間越長，留下的烙印越明顯，從這一點來說，人們對清朝印象深刻，而對元朝的印象要淡薄得多。

二、元朝歷史是六七百年以前的事，相對遙遠，認知上較為陌生；清朝是中國最後一個封建王朝，離我們最近，較熟悉。

三、元朝純以武力入主中原，也純以武力統治中原，來去如風，文化、風俗、典章、制度等保留本民族特點，未完成民

前言

族融合；清朝採用漢族先進文化，政治、經濟、文化制度全盤向中原文化靠攏。

四、《元史》編著簡陋。上面提過，元朝歷史是六七百年以前的事，今天的人要了解它，只能透過閱讀史書。但朱元璋出於政治上的需求，即位的當年，便宣布元朝於這一年滅亡，並在這一年下詔編修《元史》，目的是以此來說明元朝的滅亡和明朝的興起都出於「天命」，而他自己則是「奉天承運」的真命天子。結果，纂修組僅用了一百八十八天的時間，便完成了洋洋灑灑共一百五十九卷，實際上不過是簡單地複製貼上從元大都繳獲的元十三朝實錄和元代修的典章制度史《經世大典》，則其簡陋可想而知。錢大昕曾強烈吐槽說：「古今史成之速，未有如《元史》者，而文之陋劣，亦無如《元史》者！」雖說照抄史料，因此保留了大量原始資料，史料價值高，但對於普通讀者來說，往往佶屈聱牙，索然無味，只能束之高閣，敬而遠之。另外，纂修人都是漢人，對元朝蒙古族的制度並不熟悉，很多東西一知半解，寫起來亂七八糟，就算讀者下定決心去讀，到頭來仍是如在雲霧裡，不得其解。相對來說，《清史稿》資料豐贍，且《清史稿》之外，關於記述清朝歷史的各種資料史書浩如煙海，要了解清朝，管道很多，而且，洪秀全、孫中山喊出的口號，近代革命志士仁人的反清反帝鬥爭，西方外來侵略的殖民，義和團運動的血淚，貝加爾湖之南及西南約十萬平方公里國土的喪失，琉球群島的割裂……清朝的話題，是十天十夜

也講不完的。

最後補一句，以元朝為背景來講述故事的文學作品，我也只看過一本陳端生寫的《再生緣》而已。

但是，元朝真是沒什麼故事可聊了嗎？

本書會提供許多發生在元朝的好看、好玩的故事給大家。

前 言

第一章
開創霸業：
成吉思汗的傳奇征程

第一章　開創霸業：成吉思汗的傳奇征程

● 成吉思汗下過殺掉高過車軸男子的命令嗎？

成吉思汗第四子拖雷之子旭烈兀所建的伊利汗國是蒙古帝國四大汗國之一，這伊利汗國的宰相拉施德丁編撰有一部名為《史集》的世界通史著作。

按照《史集》對「蒙古」一詞的解釋，其意思原是「孱弱、純樸」。

再對比一下蒙古部落的誕生和發展，可說是「名如其人」——蒙古原為東胡係鮮卑同族室韋諸部中的一個小部落，唐代遊弋入今額爾古納河下游南峻嶺叢林中，在一個叫蒙兀室韋的地方生活。這可不就是僻居於深山老林裡「孱弱、純樸」的弱小原始部落？

從五代歷經遼、宋、金等時期，蒙古分別以劫子、梅古悉、謨葛失、毛割石、毛揭室、萌古子、蒙國斯、蒙古斯、蒙古里、盲骨子、朦骨等名稱出現在古書中，到了元代，才統一譯作蒙古。

蒙古的強大，主要得益於成吉思汗的崛起。

「成吉思汗」一詞的意義，史學界有多種解釋，這裡，還是按拉施德丁《史集》裡的解釋來理解吧——成吉思汗，即為最堅強、最強大的汗，也就是最高君主或王中之王。

成吉思汗的父親名叫也速該，是一個小部落的酋長，性格

很蠻橫，很霸道。

當然，在弱肉強食的原始社會裡，強橫是生存和發展的基礎，應該讚美。

也速該強橫到什麼地步呢？

凡是他看中了的東西，就會豁出命去搶，不達目的不罷休。

這不，某天，他在鄂嫩河畔放鷹捕獵，看見一個男子駕著一輛簡陋的馬車經過，馬車上坐著一個美麗的女子。

看到這個女子，也速該就無心捕獵了，腦海裡只剩下一個念頭：我必須占有這個女子！

駕馬車的男子名叫赤列都，是蔑兒乞惕部人，馬車上的女子是他從斡勒忽訥兀惕部剛剛迎娶的新婚妻子訶額侖。

赤列都覺察到了也速該眼裡閃爍著的貪婪之光，情知不好，一面惡狠狠地回瞪對方，一面揚鞭加速驅車。

也速該被赤列都惡狼一般的目光瞪得內心發毛，生怕自己一個人擺不平，就轉頭回家找幫手了。

也速該找來的幫手是他的哥哥和弟弟，三個人拿了弓箭，凶神惡煞地去追趕那對夫妻。

赤列都雙拳難敵六手，只好丟棄妻子跑了。

這樣，也速該兄弟三人高高興興地把馬車以及馬車上的訶額侖弄回了家。

當天，也速該就和訶額侖拜了天地，入了洞房。

第一章　開創霸業：成吉思汗的傳奇征程

訶額侖的喉嚨哭啞，也沒有半點方法，只好乖乖地從了也速該。

訶額侖從了也速該後，一共生了四個兒子、一個女兒。

重點是第一個兒子。

這個兒子，就是後來的最高君主或王中之王——成吉思汗！

據說，成吉思汗生下來的時候，左手裡握著一個凝結的血塊，非常邪門。

恰巧，成吉思汗出生的第一天，也速該和塔塔兒部打架，贏了！

真是雙喜臨門！

也速該樂得嘴巴都快要咧到耳根了。

他想為新生兒取個名字，奈何腦筋不好，憋了半天，就從俘虜中隨便揪了個長得比較帥的人問：「說！你叫什麼名字？」

這個被俘的倒楣蛋老老實實交代：「鐵木真。」

得，新生兒的名字就叫鐵木真了。

當時，任何人都沒有想到，「鐵木真」這個名字後來會威震宇內，名垂千古。

鐵木真九歲那年，他的父親也速該帶他到親戚翁吉剌惕部人特薛禪家求婚，為鐵木真禮聘了特薛禪的女兒孛兒帖。

孛兒帖比鐵木真大一歲，十歲，長得溫秀可喜。

雙方家長一拍即合，九歲的鐵木真和十歲的孛兒帖當晚就在孛兒帖家裡入了洞房。

　　也速該哈哈大笑，把帶來的馬匹當作財禮，自己趁著月色，策馬回家了。

　　也速該平日作惡太多，也不善於檢討、收斂，途經扯克徹兒山附近的失剌草原，遇上一群塔塔兒人在宴會，他忘了自己曾經搶掠過塔塔兒人的財物，竟然上去討酒喝。

　　塔塔兒人中有人認出了也速該，不動聲色，在他的酒裡放了毒藥。

　　就這樣，喝了毒酒的也速該回到家後，毒發身死。

　　臨死前，也速該把妻子兒女託給親信蒙力克照顧。

　　在崇尚強橫的原始社會，弱小不是用來同情的，而是用來欺負的。

　　也速該既死，他的兒子又都幼小，難免被人欺侮。

　　部族中人迅速拋棄了訶額侖母子，全都去歸附另一個部族泰亦赤兀惕人。

　　訶額侖孤苦無依，只得別居僻處，靠採拾野果、野菜來撫養孩子。

　　補充一下，像也速該這樣的人，生前絕不可能只有一個女人。除了訶額侖外，他還有其他女人，其中一個女人生了兩個兒子，也去世了。兩個兒子分別叫別克帖兒、別勒古臺，跟訶

第一章　開創霸業：成吉思汗的傳奇征程

額侖和鐵木真在一起生活。

鐵木真的強橫不在其父之下，一家人受人欺負，那是他年紀還小。但他在家裡強橫起來，分分鐘可以要人命。

這不，因為一點點小事，異母兄弟別克帖兒和鐵木真起了爭執，鐵木真一口氣沒有壓下，次日，就叫上比自己小兩歲的親弟弟合撒兒，趁別克帖兒坐在山岡上牧馬時，一前一後包抄，把別克帖兒送上了西天。

訶額侖知道後，又罵又鬧，卻也於事無補。

部族中人聽說了鐵木真小小年紀就有這樣的「壯舉」，無不刮目相看，便又開始接納他們一家。

鐵木真長大後，果然是條好漢，和其他部落打架，從不退縮。

有一次，和泰亦赤兀惕人廝殺，鐵木真衝得太前，被人家活捉了。

部族中的人都以為鐵木真這回必死無疑了。

哪知，半夜時分，鐵木真竟然掙脫綁縛，殺死看守，逃了回來。

部族中的人無不驚呼，奉之為神。

鐵木真父親也速該的老朋友王罕在部族中很有地位，高興地認鐵木真為義子。

鐵木真的部族與蔑兒乞惕人是世仇，別忘了，當年鐵木真

的父親也速該就曾搶了人家部落裡赤列都的新娘訶額侖。

君子報仇，十年未晚。

赤列都帶著族人來報當年訶額侖被奪之仇，他們在半夜時實施襲擊，捉到了鐵木真那個年輕美貌的妻子孛兒帖，心滿意足而還。

成了人家俘虜的孛兒帖當然沒有好事，被安排給了赤列都的兄弟赤勒格兒做妻子。

深受奇恥大辱的鐵木真去向義父王罕求救。

王罕點齊了兵，又約了另一個義子札木合，和鐵木真三路會師去攻打蔑兒乞惕人。

仗打了很久，等把蔑兒乞惕部打垮，救出孛兒帖的時候，孛兒帖已經懷了赤列都的孩子。

鐵木真不管，救出了妻子，非常高興。

在回來的路上，孛兒帖生了個兒子。

雖然這個兒子是蔑兒乞惕人的種，但鐵木真毫不介意，把孩子視如己出，幫他取名為朮赤。

不得不說，鐵木真的胸襟真的是廣大，非常人可及。

胸襟廣大的鐵木真海納百川，勢力越來越大，打敗了無數敵人，做了蒙古許多部族的共同領袖，被尊奉為成吉思汗。

成吉思汗的妻子孛兒帖後來又為他生了三個兒子和幾個女兒。

第一章　開創霸業：成吉思汗的傳奇征程

　　這三個兒子分別是：次子察合台，三子窩闊台，幼子拖雷。

　　成吉思汗把害死他父親也速該的塔塔兒部打垮後，和部屬商議該怎樣處置塔塔兒部的俘虜。

　　大家為了讓成吉思汗充分感受到報仇帶來的快意，建議說：「以前，塔塔兒人殺害了我們的祖先和父輩，我們要為祖先和父輩報仇雪恨，把比車軸高的人全部殺光！剩下的，分給各家做奴婢。」

　　大家興高采烈地瓜分著塔塔兒的婦女兒童，成吉思汗率先占有了塔塔兒部美麗的女子也速干和也遂兩姐妹。

　　前面說了，成吉思汗的父親也速該在臨死之時，曾將妻子兒女託給蒙力克照料。

　　這個蒙力克在訶額侖一家孤苦無依的時候提供了很多幫助，娶了訶額侖為妻，成了成吉思汗的繼父。

　　蒙力克之前有七個兒子，因為他是成吉思汗繼父的緣故，這七個兒子都得到了成吉思汗的重封重賞。

　　蒙力克的七個兒子中，有一個名叫闊闊出的，是個巫師，善於裝神作怪，吹噓說自己常常騎馬到天上做客，深得蒙古各部族長膜拜。

　　人撒謊撒得多了，往往最後會連自己都騙。

　　闊闊出就敢騙自己，騙得自己真以為自己是個活神仙，越來越胡作非為。

某次，也不知他哪根神經搭錯了線，竟然聯合了自己的六個兄弟，把成吉思汗的弟弟合撒兒狠狠地揍了一頓。

他還向成吉思汗搬弄是非，說道：「上天有指示：『這一次讓鐵木真執掌大權，下一次就讓合撒兒執掌大權。』」

成吉思汗於是疏遠了弟弟合撒兒。

因為這事，成吉思汗的母親訶額侖鬱鬱寡歡，不久就病死了。

最後，是成吉思汗的幼弟斡赤斤不服，找人殺掉了闊闊出。

▌成吉思汗在諸子爭當汗位繼承人時，突然大笑，說的話讓人聳然動容

話說，花剌子模是一個擁有中亞、西亞廣大疆土的龐大帝國。

成吉思汗於西元 1218 年春派了一個由四百五十人組成的商隊前往花剌子模，商隊在到達該國邊境城市訛答剌（今哈薩克南哈薩克州奇姆肯特西北帖木兒）時，被誣指為間諜，除一人逃脫，其餘四百四十九人都被逮捕處死。

成吉思汗派三名使臣指責該國國王馬合謀，要求交出凶手。

第一章　開創霸業：成吉思汗的傳奇征程

馬合謀斷然拒絕，並下令殺死為首的使臣，將其餘兩個使臣侮辱性地剃去鬍鬚逐回。

成吉思汗遂於西元1219年準備西征花剌子模國。

臨行前，妃子也遂對他說：「大汗越高山、渡大河，長途遠征，只想平定諸國。但有生之物皆無常，一旦您大樹般的身體突然傾倒，您的江山和百姓，交給誰掌管？您所生的傑出四子中，您將大業託付給誰？這事要讓諸子、諸弟、眾多下民、后妃們知道。謹奏告所思及之言，請大汗降旨。」

成吉思汗一拍腦袋，哎呀叫了一聲，召集眾人，說道：「也遂雖是妃子，但她說的話很對。弟弟們、兒子們、博爾朮和木華黎，你們都沒有提出過這樣的話。而我因為不是繼承祖先的汗位，竟也沒有想到。我還沒有遭遇到死亡，竟然忘了老死這個事。兒子們之中，朮赤你是長子，你怎麼說？你說吧。」

朮赤還沒開口，次子察合台大聲道：「父汗讓朮赤說話，莫不是要傳位給他？我們怎能讓這蔑兒乞惕野種管治？」

察合台的話其實是不錯的，朮赤本來就是蔑兒乞惕的種，但察合台當著這麼多人的面說出來，就很傷人了。

受傷的朮赤跳起來，揪住察合台的衣襟，怒道：「我從未聽到父汗有什麼對我另眼相看的話，你怎麼能把我當作外人？你有什麼本領勝過我？你只不過脾氣暴躁而已。我與你比賽遠射，如果我敗於你，我就割斷拇指扔掉！我同你比賽摔跤，

如果我敗於你,我就倒在地上永遠不起來!兒臣願聽父汗聖裁。」

兩兄弟互相拽著衣襟,都不放手。

大臣博爾朮搶上去拉住了朮赤的手,另一個大臣木華黎拉住察合台的手。

成吉思汗一言不發,默不作聲。

站在東廂的大臣闊闊搠思於是苦口婆心出言相勸,他說:「察合台,你為什麼說這樣的話?你父汗在他的兒子之中,指望著你啊!你們出生之前,各部各族的人都打得昏天黑地,連睡覺的時間也沒有,大家日夜只是打仗。你母親又不是有意生蔑兒乞惕人的種的,而是不幸的遭遇所造成的;察合台啊察合台,你怎麼可以胡言亂語,讓你賢明的母后寒心?你們都是從她腹中所生下的孩子,你們是同胞兄弟。你不可以責怪愛你的母親,使她傷心;你不可以抱怨你的生身之母,指責她所悔恨的事。當你父汗建立這個國家時,你母親與他同歷艱辛。他們同生死,共命運。他們以衣袖為枕,衣襟為巾,涎水為飲。你母親緊裹固姑冠,嚴束其衣帶,忍飢挨餓地養育你們。從你們不會走路時開始,把你們養育長大,使你們成為男子漢,希望你們上進。賢後之心,如日之明,如海之寬。」

成吉思汗點頭說:「是不能這樣說朮赤。朮赤當然是我的長子,以後不可以說這種話!」

第一章　開創霸業：成吉思汗的傳奇征程

察合台聽了父親的話，只好點頭同意說：「朮赤的氣力、本領，就不用說了。父汗的長子，是朮赤和我兩人。我們願一起為父汗效力，如果誰躲避，大家一起把他劈開，如果誰落後，大家一起砍斷他的腳後跟。」頓了頓，察合台又說：「三弟窩闊台仁慈敦厚，我們大家都推舉他吧。可讓他在父汗身邊，接受繼位者的教育。」

成吉思汗於是轉頭問朮赤：「你怎麼說？」

朮赤也明白自己沒有希望繼承大位了，便道：「察合台已經說了。我和察合台二人，願一起效力，我們都推舉窩闊台。」

成吉思汗突然大笑，說道：「你們何必一起效力？世界廣大，江河眾多。可以分封給你們地域廣闊之國，讓你們各自去鎮守。朮赤、察合台二人要履行諾言，不可讓百姓恥笑。」

此話一出，在座的人莫不聳然動容，對成吉思汗的雄心和大志膺服不已。

朮赤和察合台趕緊躬身答允。

成吉思汗於是轉問窩闊台：「你怎麼說？你說吧。」

窩闊台道：「父汗降恩讓我說話，我能說什麼呢？我能說自己不行嗎？今後我盡自己的能力去做吧！」

不過，窩闊台又補充說：「但是如果今後我的子孫中，出了即便裹上草牛也不理、裹上油脂狗也不吃的不肖子孫，出了

麋鹿敢在他面前穿越，老鼠敢跟在後面走的無能子孫，那又怎麼辦？我就說這些了，別的也沒什麼可說的了。」

成吉思汗不自然地笑了笑，再問四子拖雷道：「你有什麼話說？」

拖雷向來和窩闊台關係很好，就朗聲說道：「我願在父汗指定繼位的兄長身邊，把他忘記的事告訴他，在他睡著時叫醒他。做應聲的伴從者，做策馬的長鞭。應聲不落後，前進不落伍。我願為他長途遠征，願為他短兵搏戰。」

成吉思汗拍掌叫好，降旨說：「朕的子孫就讓一個人繼承掌管。大家如果不違背朕的旨意，不毀掉朕的旨意，你們就不會有過錯，不會有過失。」

想了想，又補充說：「窩闊台的子孫中如果出了即便裹上草牛也不理、即便裹上油脂狗也不吃的不肖子孫，那麼其他人的子孫呢？難道朕的子孫中連一個好的也不會有嗎？」

窩闊台遂被定為繼承人。

成吉思汗病死於西元1227年七月十二日，享年六十六歲。

該年，他征服了西夏，去世的地方在秦州清水縣（今屬甘肅）西江駐地大帳中。

成吉思汗打下的江山非常廣闊，一分為四，分給了四個兒子。

長子尤赤的封地，在今天的鹹海、頓河、窩瓦河一帶，稱

第一章 開創霸業：成吉思汗的傳奇征程

為欽察汗國。

朮赤死時四十九歲，其有十四個兒子。長子鄂爾達自知才能不及次子拔都，將繼承父位的權利讓給了弟弟拔都。

次子察合台的封地在今新疆、阿富汗、烏茲別克共和國一帶，稱為察合台汗國。

三子窩闊台的領地在今亞細亞巴爾喀什湖附近，稱窩闊台汗國。由於他是蒙古的共主，統治蒙古本部和中國北部，所以窩闊台汗國的地域相對較小。

四子拖雷最得成吉思汗鍾愛，執掌了成吉思汗大部分精兵猛將，兵力最強，勢力最大。

成吉思汗雖有遺命要窩闊台繼承，但蒙古有開會共同推舉繼承人的習俗，該會叫庫里爾台。

為了讓窩闊台的繼承名正言順，眾王公、駙馬、大將根據傳統習慣在怯綠連河曲雕阿蘭之地舉行了庫里爾台大會。

拖雷兵勢最盛，諸王百官一度推舉拖雷，搞得窩闊台不敢接任大位。

所幸，拖雷主張遵守父命，窩闊台終於得以順利繼位。

西元 1231 年，窩闊台出征金國，勢如破竹。但過了居庸關，窩闊台病倒於龍虎臺，身不能動，口不能言。

巫師裝神弄鬼說：「金國的土地神、水神，因為他們的百姓、人口被擄，各城被毀，所以急遽為祟。必須由親族中一個

人做替身,作祟才會放慢。」

拖雷就說:「神聖的父汗成吉思汗像選騸馬、擇羯羊般地在諸兄弟之中選中了兄長你,把他的大位指給了你,讓你擔當了統治百姓的重任。讓我在兄長身邊,把你忘記的事提說,在你睡著時喚醒。如今如果失去了我的兄長你,我向誰去提說忘記的事,誰睡著了要我去喚醒呢?如果兄長你真有個不測,眾多蒙古百姓將成為遺孤,金國人必將快意,讓我來代替我的兄長吧。我曾劈開鱘魚的脊,橫斷鱘魚的背。我面貌美好,身材高大。巫師你來詛咒吧!」

於是,巫師就把下了詛咒的水讓拖雷喝了。

估計拖雷喝的水裡不止下了詛咒,還下了毒,反正,喝下後不久,他就死了。

不過,說來也怪,拖雷死後不久,窩闊台的病就慢慢轉好了。

窩闊台無比感激,一時衝動,就說了些不著邊際的話,說自己將來死了,大位就傳給拖雷的長子蒙哥。

西元 1241 年,窩闊台病死。

皇后和諸王大臣召開庫里爾台大會。

由於在西元 1235 年的「長子遠征」中,成吉思汗長子朮赤的繼承人拔都是長子中的長子(其實是次子),擔任統帥,察合台部長子莫圖根(已死)的長子不里、窩闊台部的長子貴由嚴

第一章　開創霸業：成吉思汗的傳奇征程

重不服，原因還是拔都的父親朮赤是「蔑兒乞惕的種」，三人一度鬧得很僵，所以拔都沒來參加這次會議。

大會最後立了窩闊台的長子貴由接位。

貴由做了大汗，想要統兵去征討拔都出口氣，好在被大臣勸阻住了。

實際上，在「長子遠征」之後，拔都還參與了西征。

在這次西征中，拔都所統率的朮赤部打得最遠，一直打到亞德里亞海的威尼斯國邊界，離維也納也就只有三十里。因為窩闊台逝世，這才下令班師。

拔都回到俄羅斯，拒絕來參加庫里爾台大會，他精心打理自己的欽察汗國，兵強馬壯，幅員萬里，如果貴由真發兵來攻，估計討不到半點便宜。

歐洲人尊稱拔都的欽察汗國為金帳汗國，而把拔都劃分給其兄鄂爾達管理的東方錫爾河一帶稱為白帳汗國，把拔都的弟弟昔班管轄的領地稱為青帳汗國。

貴由是個酒鬼，身體不好，接位後第三年春天就死了。

於是，王公大將又舉行庫里爾台大會推舉大汗。

這次，在成吉思汗諸多孫子中，拔都實力最強，而且，這次庫里爾台大會又是在拔都的地盤上舉行，眾王公大將都推舉拔都。

但拔都有自知之明，他考慮過自己的血統，知道一旦自己

繼位,必會招致察合台部、窩闊台部和拖雷部的圍攻,權衡再三,覺得還是守住自己的欽察汗國就好,於是主張由拖雷的長子蒙哥接位。

在「長子遠征」中,察合台部的不里、窩闊台部的貴由都反對拔都任統帥,但拖雷部的長子蒙哥卻一直給予拔都有力的支持,所以,拔都投桃報李,堅決支持蒙哥繼位。

最終,庫里爾台大會就推舉蒙哥繼位。

貴由的皇后海迷失耍賴,想把汗位傳給自己的兒子,派人去對拔都說:「大會議應該在蒙古本部舉行,在你的地盤舉行,算什麼事?不行,這次會議的推舉不能作準。」

拔都同意第二年在蒙古本部再開大會。

到了第二年,拔都派自己的弟弟統領大軍護送蒙哥到蒙古本部開會。

由於朮赤和拖雷兩個部的兵力相聯合,遠強於窩闊台部和察合台部的力量。最終,大會的推舉結果還是由蒙哥來當大汗。

蒙哥做了九年大汗,西元 1259 年,在四川東釣魚山下暴死。

蒙哥的胞弟忽必烈接任大汗,滅了南宋,統一全中國,是為元朝的開國皇帝元世祖。

第一章　開創霸業：成吉思汗的傳奇征程

● 成吉思汗和鐵木真是畫等號的嗎？

一般情況，可以認為「鐵木真」就是「成吉思汗」，二者可以畫等號。但嚴格來說，又不是那麼回事。

因為，「鐵木真」是人名，全稱是孛兒只斤・鐵木真，他是蒙古族乞顏部人，蒙古第一代可汗，世界史上傑出的政治家、軍事家。

而「成吉思汗」中的「汗」，是蒙古人對於他們最高統治者的尊稱，「成吉思」是汗位的修飾語。

那麼，這個「成吉思」是什麼意思呢？

目前可靠的解釋有四種，並且都各有道理，莫衷一是。

按照拉施德丁《史集・部族志》的解釋，蒙語中「成」是「堅強」的意思；「成吉思」是其複數，意為「最堅強、最強大的汗」，也就是最高君主或王中之王。《通史簡編》也認為「成」是「剛強」，「吉思」是「多數」。因此「成吉思汗」是堅強的大汗的意思。

然而，在蒙古語裡，「成吉思」其實是一個不可再分的詞，意思是「天賜」。「成吉思汗」即是上天賜予蒙古人的大汗。

《蒙古源流》和《蒙古世系譜》兩書卻又認為：泰和元年，鐵木真已二十八歲，即位前三天，每天清晨都有一隻五色鳥兒鳴叫，聲聲如「成吉思」、「成吉思」，似是一種吉祥的徵兆。察合

台語《成吉思汗傳略》中也有「一隻鳥飛來，叫著『成吉思、成吉思……』」的記載。另外，歐陽玄所撰〈進金史表〉有云：「念彼（金）泰和以來之事蹟，涉我聖代（指蒙元）初興之歲年。（元）太祖受帝號於丙寅（1206年），先五載而朱鳳應。」意思是鐵木真稱帝於西元1206年，「先五載」為西元1201年雞年、金泰和元年，這一年鐵木真聯合王汗戰勝了札木合為首的十二部聯盟軍，出現了「朱鳳應」的祥瑞，與五色鳥啼「成吉思」的傳說相似。

所以，「成吉思汗」的名字便由此而來——「成吉思」其實沒什麼意思，就是鳥鳴擬聲詞。

但有人根據南宋人趙珙《蒙韃備錄》中「成吉思汗者，乃譯語『天賜』二字也」的說法，認為「成吉思汗」即「天皇帝」之意。

當然，又有人想當然地說，成吉思汗是蒙古的開國君主，「成吉思」應該是「大海」或者「強大」的意思，「成吉思汗」意思就是頌揚他是一個如同大海一樣偉大且強大的帝王。

不管怎麼樣，「成吉思汗」既然是一個汗位的尊稱，那麼，除了鐵木真之外，應該還會有人用過這個尊稱。

事實如此。

被稱為蒙古最後一代可汗的林丹汗就被尊為成吉思汗。

林丹汗本名孛兒只斤·林丹巴圖爾，是元順帝嫡系後裔、達延汗的七世孫，蒙古帝國第三十五任大汗，他的稱號是「神

第一章　開創霸業：成吉思汗的傳奇征程

中之神全智成吉思隆盛汗」和「林丹呼圖克圖聖武成吉思大明薛禪戰無不勝無比偉大恰克剌瓦爾迪太宗上天之天宇宙之玉皇轉金輪法王」。

可見，林丹汗的汗名裡也含有「成吉思」之語，為了方便表達，他也和鐵木真一樣被尊稱為成吉思汗──當然，更多的人喜歡用第二個稱號裡的前兩個字「林丹」來稱呼他，是為林丹汗。

鐵木真時期，蒙古以十二萬鐵騎除掉了擁有一百萬精銳之師的前大金國。

林丹汗時期，他手裡有四十萬蒙古鐵騎，而後大金國的皇太極手裡只有十萬軍隊，顯然，林丹汗覺得自己完全可以複製當年蒙古滅金的好戲。

事實上，林丹汗在發動統一蒙古戰爭的時候，也真比其祖上鐵木真還順利，其對蒙古各部每戰必勝，並且輕而易舉就擊敗了連明朝都頭痛的強大的土默特部。

可是，他偏偏走錯了一步棋──在蒙古人已經普遍信奉黃教（格魯派）的情況下，他卻改信宗紅教（薩迦派），搞得四處受敵，從而和後金作戰屢戰屢敗，最終魂喪青海大草灘，終年四十三歲。

不用說，蒙古第一代可汗和蒙古最後一代可汗雖然都稱成吉思汗，但能力相差卻有天地之別。

● 一代梟雄成吉思汗到底是不是中國人？

判定一個人是否屬於中國人，現在挺簡單的，看他身分證上的國籍。

話說回來，要判定一個古人是否屬於中國人，問題就有些複雜了。

一個很現實的問題擺在眼前：從信史時代記起，四千多年歷史中，從黃帝到最後的大清王朝，中國林林總總一共出現過像樣的或不像樣的八十三個王朝，這些王朝中從沒有一個是用「中國」作為國號的。

如果我們把一個王朝稱為一個「國」，那麼，就出現過八十三個國。

對這八十三個國，也沒有任何一種外文資料稱之為「中國」，就連我們近代最熟悉的甲午「中日戰爭」，在正式官文書上寫的是甲午「清日戰爭」。

當然，毋庸置疑，這八十三個國，又都屬於「中國」！

由此可見，古代歷史上的「中國」，有時候是固態的，有時候又是動態的，是在不斷變化著的；有時候是國家意義上的，有時候又是疆域意義上的 —— 即使單純指疆域，這疆域也是在不斷變化的。

那麼，怎麼界定一個人是否中國人呢？

第一章 開創霸業：成吉思汗的傳奇征程

史家的觀點是不囿於這個人的民族、血統、信仰、出生地、活動地和埋葬地，而著重於這個人是否參與到中國歷史的發展中，對中國歷史的發展有無影響，等等。

舉一個簡單的例子。

唐代詩人李白，他的出生地碎葉城在如今的吉爾吉斯，確切地說是今天的阿克·貝希姆遺址（碎葉城），難道能因為這個，說李白是吉爾吉斯人而不是中國人？

所以，像匈奴、鮮卑、羯、羌、氐、高句麗、丁零族所建立的成漢、前趙、後趙、前涼、前燕、前秦、後燕，以及蒙人和滿人建立的大元、大清，必須毫無疑問，通通列入中國歷史中。

而在這段歷史中所湧現出的人物，如劉淵、慕容垂、石勒、苻堅、忽必烈、皇太極等，自然是無可爭議的中國人。

再推而廣之，匈奴冒頓、鮮卑檀石槐、突厥阿史那燕都、回紇骨力裴羅等草原部族首領，也當然是中國人了。

那麼，我們有什麼理由說成吉思汗不是中國人呢？

實際上，成吉思汗還只是部落首領的時候，就接受過金國贈封的招討使之職。當時的金國，可是占據著中原，一直以華夏正統自居，屬中國一部分的喔。

所以，成吉思汗本質上就是中國人。

再有，大元王朝已經成了中國古代歷史不可分割的王朝組

成部分,而成吉思汗又已經被尊為「元太祖」,則其中國人的身分不就明擺著了嗎?

即無論是法理上還是傳統上,成吉思汗都是屬於中國人。

▍名將郭子儀後裔,
　飲馬地中海,攻城七百座,卻威名難顯

郭子儀是從武科場上走出來的軍事家、政治家,一生歷經武則天、唐中宗、唐睿宗、唐玄宗、唐肅宗、唐代宗、唐德宗七朝,其充當了唐玄宗、唐肅宗、唐代宗、唐德宗四朝的保護神、擎天柱,史稱「再造王室,勳高一代」。

最難得的是,郭子儀的一生,不但「富貴壽考」四字俱全,死後在唐、宋、明、清等朝都得配享歷代帝王廟,真是:生前福厚,身後尊榮。

而經郭子儀提拔的部下幕府,有六十多人位居將相,其八子七婿,皆貴顯於當代。

典故「滿床笏」說的就是郭子儀晚年做壽時,家中子弟個個都是朝廷裡的高官,帶來的笏板堆滿了床頭。

但是,世事浮沉,三十年河東,三十年河西。

郭氏一門在有唐一代風光無比,家族中英雄人物輩出。到了五代,郭氏聲望漸低,後唐名將郭崇韜雖非郭子儀之後,征

第一章　開創霸業：成吉思汗的傳奇征程

蜀路過郭子儀墓，仍不顧時人譏為攀龍附鳳，跪拜哭祭。

靖康之難以後，隨著金兵的入主中原及蒙古軍隊南下，許多中原望族紛紛南遷，這也包括了以華陰郭子儀為始祖的汾陽（今山西靜樂一帶）望族。

汾陽郭姓後裔郭嵩入閩後成為福建郭姓始祖，但也有一部分留居在北方。

這裡要說的是郭子儀在華州鄭縣（故治今陝西省華縣）後裔的一支分支。

這個分支生活在金國的統治下，成了金國人。

金朝末年，這個分支出了一位猛人，名叫郭寶玉。

郭寶玉通權謀，精兵法，善騎射，深得金朝統治者的賞識，被封為汾陽郡公兼猛安（金初期女真族軍隊組織名稱），領兵駐紮於定州（今河北省定縣）。

西元1211年，蒙古汗國太師木華黎率軍南下。

郭寶玉審時度勢，認為金國已經在走下坡路，蒙古卻是冉冉升起的新星，前途不可限量，於是率部投降了蒙古軍。

木華黎知其有將才，引見於成吉思汗。

面對成吉思汗，郭寶玉侃侃而談，提出了先取西南，聯宋滅金，再攻取遼東，絕金後路，從而席捲天下的策略。

成吉思汗接納了他的意見，授其抄馬都鎮撫之職，安排其跟隨木華黎領兵南下，取永清，破高州（故治今內蒙古自治區

赤峰市東北）降龍山（在今大凌河上游），攻占今遼西地區。

這一系列軍事行動順風順水。

緊接著，蒙軍又從錦州入山海關，經過燕南，攻占了太原、臨汾一帶。

……

可以說，郭寶玉的策略為蒙古人攻滅中原做了歷史性的貢獻。

後來，郭寶玉還隨成吉思汗西征，打擊西遼殘餘力量，攻占花剌子模國。

西元 1224 年，蒙古平定了花剌子模全境（東至印度河，西南至底格里斯河下游），郭寶玉因功升任為斷事官（蒙古汗國管理政務的官職），卻在東還途中病卒於賀蘭山軍營。

郭寶玉長子名叫郭德海，也是個將才，曾打敗宋將彭義斌，可惜在對金作戰中重傷戰死。

郭德海的兒子郭侃更加生猛，自幼學習武藝與兵法，深為丞相史天澤所器重。

郭侃二十歲即被封為百戶，隨大軍伐金，屢立戰功。

不過，郭侃的精彩人生主要表現在西征過程中。

西元 1253 年，郭侃跟隨旭烈兀西征。

這次西征的第一站是木乃兮（也譯作木剌夷）。

郭侃表現神勇，「破其兵五萬，下一百二十八城，斬其將

第一章 開創霸業：成吉思汗的傳奇征程

忽都答而兀朱算灘」，緊接著，圍攻乞都卜，迫降敵軍。

西亞名城巴格達當時是黑衣大食的都城，「侃兵至，又破其兵七萬，屠西城，破其東城，東城殿宇，皆構以沉檀木，舉火焚之，香聞百里」。郭侃率軍進入天方（現沙特境內）後，更把攻城拔寨的把戲演繹得淋漓盡致，其連破一百八十五座城池，天方人驚懼之餘，跪稱郭侃為「東天將軍，神人也」。

郭侃率軍渡海，在地中海地區攻下了十字軍騎士團占據的塞普勒斯等地，長驅直入小亞細亞半島，「得城一百二十」。

西征大軍所向披靡，正在考慮是北上進入歐洲，還是南下進入埃及之時，在東方戰場上狂攻南宋合州（今重慶市合川區）釣魚城的蒙哥汗暴斃。

由此，郭侃返回中原地區，在忽必烈手下為將。

南宋滅亡後，郭侃知寧海州，在寂然無聲中病故。

按理說，郭侃曾飲馬地中海，大破十字軍，威名傳遍印度、沙烏地阿拉伯、伊朗、敘利亞、埃及等地，共攻下城池七百多座，被稱為「西域的神人」，不管怎麼說，都是一個足以彪炳史冊的大角色。但是，他的名聲遠不及遠祖郭子儀的百分之一，個中原因，不言而喻。

此人是遼國帝胄、金國官宦、蒙古重臣，一個建議免去中原滅頂之災

熟悉歷史的人都知道，成吉思汗的蒙古帝國興起之時，鞭撻天下，所向無敵。

而在入據中原之前，蒙古高層曾有把中原改為牧場之議。

此議若成，對中原廣大人民來說，無疑是一個滅頂之災。

但是，因一個人的建議，此議終究落空。

這個人是一個極富傳奇色彩的人物——他是遼國帝胄、金國官宦、蒙古重臣，名叫耶律楚材。

耶律楚材的九世祖為遼太祖耶律阿保機、七世祖為遼世宗耶律阮之弟婁國。

婁國在遼世宗之世擔任南京（今北京）留守、政事令的官職。

此後耶律家族在南京綿延不絕，至耶律楚材祖父耶律德元之世，遼為金所滅。

耶律德元對氣節之類的東西並不看重，轉仕金朝，按例將姓氏改為移剌。

移剌德元從族弟聿魯處收養了一子，是為移剌履。

移剌履共有三子，長子辨才、次子善才、三子楚才。

楚才出生之時，移剌履已經六十歲，老來得子，樂壞了，笑

第一章　開創霸業：成吉思汗的傳奇征程

嘻嘻地說：「此吾家千里駒也，他日必成偉器，且當為異國用。」後來，又取《左傳‧襄公二十六年》「楚雖有材，晉實用之」的典故，將楚才改為「楚材」，字晉卿。

這裡補一句，移剌履曾為尚書右丞，官至宰執。作為金國大臣，他卻斷言三子移剌楚材「他日必成偉器，且當為異國用」，這可是大逆不道之言，如果被金國當政者聞知，當吃不了兜著走。所以，這樣的語錄，很可能是史家杜撰，以顯移剌履有先見之明而已，不可輕信。

移剌楚材成年後，先是擔任省掾（尚書省令史），後出任開州（今河南省濮陽縣）同知。

西元 1213 年，蒙古大軍攻陷開州，移剌楚材失官，逃回中都（今北京）。

哪料，中都發生政變，金帝完顏允濟被殺，宣宗完顏珣即位。次年，宣宗下詔南遷汴梁（今河南省開封市），並在中都設燕京行尚書省，以太子完顏守忠留守中都，完顏承暉為行省右丞相兼都元帥，移剌楚材被任命為左右司員外郎。

但是蒙古帝國正值興起，天下莫能攖其鋒。

不久，蒙古軍包圍中都，太子完顏守忠南逃，行省右丞相兼都元帥自殺，中都陷落。

移剌楚材再次失官，遁入空門，法號湛然居士從源。

成吉思汗是個愛才之人，聽說了湛然居士從源的大名，派

人向他詢問治國大計。

移剌楚材侃侃而談,一再強烈表達出自己「致主澤民」的願望,遂被成吉思汗收為輔臣。

移剌楚材因此恢復舊姓「耶律」,是為耶律楚材。

西元1219年,耶律楚材隨成吉思汗西征,常曉以征伐、治國、安民之道,屢立奇功,備受器重。

西征歸來,成吉思汗向耶律楚材詢問伐金之計。

要知道,金國是滅遼的凶手,蒙古伐金很是得契丹人的擁護和支持。當時,如移剌涅兒、石抹也先等人,無不把成吉思汗起兵伐金看作為遼國復仇的大好時機,紛紛與蒙古人合作。

成吉思汗以為,自己把滅金的想法告知耶律楚材,一定會得到耶律楚材百分之百的贊成。

哪料,耶律楚材淡淡地說:「臣祖父三代都已經歸順金朝,為金朝的臣子,哪能復懷二心,讎恨君父?」

成吉思汗也真是的,他也不想想,耶律楚材一家自其祖父耶律德元之世始,三世在金國為官,久享榮華富貴,只有眼前恩、再無往日怨,哪裡還會痛感於遼為金所滅的往昔?

而因為成吉思汗最不能容忍的是部下背叛自己,聽了耶律楚材的話,敬重有加。

格魯塞(Grousset)《草原帝國》(*The Empire of the Steppes*)一書中稱:「一位契丹族王子耶律楚材,他以『身長八尺,美

第一章　開創霸業：成吉思汗的傳奇征程

髯宏聲」博得成吉思汗的喜愛」，被成吉思汗稱為「吾圖撒合里」，即長髯人之意。

西元1227年，成吉思汗去世，繼承汗位的是成吉思汗的三子窩闊台，稱合罕皇帝（元太宗）。

耶律楚材更得窩闊台的喜愛，逐步走上了政治仕途的巔峰。

耶律楚材反對把中原改為牧場，免除中原廣大人民滅頂之災的事件便發生在這一時期。

《元史・耶律楚材傳》詳細記載了此事。

元太祖成吉思汗之世，因為頻頻西征，無暇治理中原，手下官吏無不聚財斂物自私，個個家財堆積如山，而官府卻沒有積蓄。

到了元太宗窩闊台朝，近臣別迭和一幫官員建議說：「漢人無補於國，可悉空其人以為牧地。」

耶律楚材大驚，勸阻說：「陛下將來就要南伐金國了，軍需必須有所準備、有所保留，可以制定中原地稅、商稅，再謀取鹽、酒、鐵冶、山澤中的利潤，每年就可以坐收銀五十萬兩、帛八萬匹、粟四十餘萬石，怎麼說『漢人無補於國』呢？」

窩闊台聞言心動，說：「卿試為朕行之。」

耶律楚材於是仿照金朝舊制，於西元1230年設立十路徵

收課稅所，任命一些儒士建立了稅收徵收機構。

西元1231年秋，窩闊台駕臨雲中，看見十路徵收上來的金帛陳於庭院中，不由得撫鬚長笑，拍著耶律楚材的肩膀說：「汝不去朕左右，而能使國用充足，南國之臣，復有如卿者乎？」

耶律楚材一臉謙遜地說：「在彼者皆賢於臣，臣不才，故留燕，為陛下用。」

窩闊台嘉其謙，賜之酒。即日設中書省，以耶律楚材為中書令，事無鉅細，都先交給他處理。

耶律楚材志得意滿，自稱「中書相公」。

他曾揮毫作詩，詩中稱：「定遠奇功正今日，車書混一華夷通。」

他還在寫給高麗使臣的詩中留下「壯年吟嘯巢由月，晚節吹噓堯舜風」這樣的句子，真是顧盼自雄，一派建功濟世、捨我其誰的氣概。

的確，耶律楚材在元太宗窩闊台朝所施行的一系列舉措，都成為後來忽必烈建立元朝的重要基礎。

第一章　開創霸業：成吉思汗的傳奇征程

野狐嶺決戰，
四十萬金軍為何不敵十萬蒙古軍？

蒙古與金朝的野狐嶺之戰是決定雙方命運的生死戰，並且直接影響了此後中國歷史的走勢與格局。

為了打這場戰爭，蒙古足足準備了五年時間，並多次進攻西夏，剪除掉金國的小弟西夏。

金國女真人以能征善戰著稱，世間有「女真人滿萬，天下無敵」的說法。

原先的女真人散居在東北山林之中，受盡契丹人的欺壓。

女真大英雄完顏阿骨打聯結起數千女真人，只用了幾年時間就平遼滅宋，建立了金國，威勢赫赫。

經過一百多年的發展，女真人口已經發展到近五千萬。

金國長期推行殘酷的民族壓迫政策，與蒙古人結下了血海深仇。

當時金國與蒙古的力量並不對等，人口比蒙古多四十餘倍；軍隊也在百萬以上，比蒙古多出十倍。

有人說：「金國如海，蒙古如一掬細沙。」

金熙宗曾把蒙古一個名叫俺巴孩汗的部落首領以反叛罪釘在「木驢」上處死。

金世宗不僅要蒙古納貢，還每隔三年遣兵向北剿殺，謂之

「減丁」，志在削弱蒙古人的力量。

震爍千古的成吉思汗鐵木真就是被釘在「木驢」上處死的蒙古部落首領俺巴孩汗的後人。

成吉思汗統一了蒙古，為報祖先之仇，深謀遠慮，精心策劃，於西元1211年親率十萬大軍南下，揭開了蒙金戰爭的序幕。

蒙古大軍來勢凶猛，突破金國防線，連陷金國北部數十座城池。

金軍統帥完顏承裕接連放棄了恆州（今內蒙古自治區錫林郭勒盟正藍旗四郎城）、昌州（今沽源縣九連城鄉北三公里處）、撫州（今張北）三州，退至野狐嶺一帶，集結起四十五萬大軍，打算利用山地地形遏制蒙古軍隊的騎兵優勢，與蒙古大軍展開生死決戰。

完顏承裕乃是金國宿將，曾經在隴西成紀六次大敗南宋大將吳曦，並在赤谷大破宋軍，輕取宋之成州。

蒙古大軍南下，完顏承裕被封為參知政事，與平章政事獨吉思忠一起在西北戍邊防禦，金軍節節敗退，朝廷唯獨處置獨吉思忠，讓完顏承裕主持防禦的軍事部署。

完顏承裕在野狐嶺部署四十五萬大軍迎戰蒙古人，恆、昌、撫三州及周邊的地主豪強摩拳擦掌，紛紛前來效命，自告奮勇，願為和蒙古交戰的前驅和眼耳。

第一章　開創霸業：成吉思汗的傳奇征程

也就是說，金國軍民同心協力、眾志成城，要在野狐嶺痛擊蒙古人，一揚大金國國威。

可是，完顏承裕一聽說當地豪強來了，趕緊向他們仔細詢問此去宣德的路程。

眾地方豪強頓時心涼了半截。

詢問去宣德的路程，分明是在盤算著歸程遠近，在規劃大戰失敗後跑路的路線。

有人當場哀嘆說：「這裡的山高水低、地勢遠近曲折，我們全部瞭如指掌，作為三軍統帥不好好利用地理上的便利迎擊對手，而一心規劃逃跑路線，此戰必敗無疑。」

俗話說，兩軍相逢勇者勝。金國不但占有地利，而且人多勢大，以四十五萬迎戰十萬，完全可以以逸待勞，但主帥卻無求勝之心，普通將士的懼意和敗意就更濃了。

反觀蒙古這邊，成吉思汗偵知金軍有四十五萬人，卻分地結陣、各自為戰，便採取集中突破戰術，命令木華黎率八魯營自獾兒嘴通道發起突擊。

戰鬥發起前，木華黎自信滿滿，向成吉思汗立誓：「不破金軍，不生返！」

蒙古軍上下士氣高昂。

此戰，因為是山地戰，蒙古軍被迫放棄了騎射優勢，舍馬步戰，但全軍士氣如虹，一往無前，一下子就殺散金軍，直逼

完顏承裕中軍大營。

金軍陣型過於分散，排程不利，人心渙散，全軍潰逃，數十萬主力就此瓦解。

金國精銳盡失，金國的中央機動兵力已不復存在，中原成了蒙古人來去自如的屠宰場。

曾經不可一世的金國也就在不久後滅亡於蒙古和南宋夾擊。

成吉思汗識字嗎？他接觸過哪些語言文字？來看蒙古文字的創造過程

歷史上蒙古國語曾採用以下四種文字：

一、利用漢字標音，由音讀意，如《蒙古祕史》（《忙豁侖紐察脫必赤顏》）。

二、改良自回鶻文字，為傳統的蒙古國文字。

三、元朝忽必烈時代，由當時的吐蕃國師八思巴所創立的八思巴字（與現代蒙語不同的西元13世紀時的蒙古語）。

四、蒙古國獨立後採用的新斯拉夫字母文字，即「現代蒙語」。

用漢字來為蒙語標音，就像我們初學英語時，為了記熟單字的發音，不得不在單字旁邊標上漢字一樣，不能說是創造了

第一章　開創霸業：成吉思汗的傳奇征程

一種新語言文字。

改良自回鶻文字，即傳統的蒙古國文字，這是蒙古國所創造的第一種蒙古文字。

這種蒙古文字的創造過程是怎麼樣的呢？

西元 1204 年，成吉思汗征討乃蠻——在西元 9 世紀中葉以前，唐代乃蠻部屬於回紇汗國，當時乃蠻部落與回紇人毗鄰游牧，是蒙古各部落當中與回紇人最近的蒙古部落之一。回紇西遷後，乃蠻部在漠北繼承了回紇文化，他們用回紇文字記錄自己的語言，稱之為「回鶻文」。回鶻文是全音素文字，是在吸收了突厥文和粟特文的字母（兩者都源於阿拉米字母）之後創造的，字母數目多達二十三個，有五個字母表示八個母音，十八個字母表示二十二個子音。成吉思汗很快滅掉了乃蠻部，俘虜了乃蠻的國師塔塔統阿。

這個塔塔統阿雖然遭逮捕，卻依然守著國家的印信。

成吉思汗大為欣賞，釋之不殺，並收歸己用，讓他掌管蒙古國的文書印信，並命令他創造蒙古文字。

於是，塔塔統阿在回鶻文的基礎上創造出了同樣屬拼音文字類型的蒙古文，共有二十九個字母，表示母音字母的有五個，表示子音的有二十四個，拼寫時以詞為單位上下連書，行款從左向右，稱「回鶻式蒙文」（「維吾爾式蒙文」、「畏兀式蒙文」或「回紇式蒙文」）。

不過，成吉思汗的孫子元世祖忽必烈一生追求完美，他在西元1260年即位後，不甘於蒙古國語保留有大量回鶻語的痕跡，要求國師八思巴另外創作一種新的蒙古字，以「譯寫一切文字」，即可以有一種通用字母來拼寫包括蒙、漢、藏、梵、維吾爾等各民族的語言文字。

八思巴，又譯作帕克思巴、八合思巴、拔思發等，意為「聖者」、「神童」。其本名為羅追堅贊，只因自幼聰慧過人，通曉佛學，才被稱為「八思巴」（即聖童）。

八思巴的聰慧達到了何種境界呢？

相傳，他三歲時就能口誦蓮花修法；七歲時就能誦讀十萬字的佛經；八歲就能背誦經文；九歲就在法會上登壇講法。

接到忽必烈的諭旨，身為國師的八思巴便打開他那天才式的神奇思維，在西藏、印度文字的基礎上，根據蒙古語言音詞，創造出一種由梵、藏字母演化而成的四十二個字母。其中母音十個，子音三十二個，用以拼寫蒙語，也拼寫漢語的通用字母，並參照了回鶻式蒙文和漢字的書寫及構字方式，改為方體，自上而下直寫，自右向左行，稱為蒙古新字，於至元六年（1269年）正式頒行，次年又改稱蒙古國字。

至元八年，忽必烈頒布了規定：「今後不得將蒙古字道作新字。」即八思巴新創的蒙古字從此成為官方法定的文字。

不過，八思巴新創的蒙古字由於同時兼顧幾個民族的語言，在表示音值和構創字型時都不免存在各種缺陷。採用漢

字方體字形拼寫蒙語，以一個方體字拼寫一個音綴，致使語詞割裂，不易識讀，還比不上次鵑式蒙文以詞為單位構字便於讀寫，所以，在元朝滅亡後，漸漸就不通用了。

無論如何，八思巴新創的蒙古字是製作漢語拼音字的第一次嘗試，也是中國文字史上的一次創造性的嘗試，其創新精神還是應該肯定的。

相比於八思巴新創的蒙古字，回鵑式蒙文沿用至今，並經過改革，最後發展成為今天通行的傳統蒙文（胡都木蒙文）。

為防盜墓，成吉思汗上狠招，其墓至今安然無恙

中國古代封建王朝是一個家天下的歷史。

基本上，每一個帝王，都把天下當成自己的私人財產，所謂「普天之下，莫非王土；率土之濱，莫非王臣」是也。

問題是，帝王在世之日，憑藉著軍隊和強大的國家機器，可以坐擁天下一切，但是，身死之後呢？一切就不可預知了。

在強大占有欲支配下的帝王當然不會甘心白白放棄曾經的擁有，他們瘋狂地建造規模宏大的陵墓，奢極豪華地網羅殉葬品。

那麼，如何保護這陵墓和陵墓裡的殉葬品、棺槨、屍骸，

就成了頭號大事。

為此，帝王們費盡苦心，想遍了種種辦法。

有人在陵墓內部設定諸如弓弩之類的機關，有人在陵墓內部灌上水銀，有人在墓碑上寫咒語……

事實證明，世上無論什麼東西，有人能夠製造，就一定有人能夠破壞。

而且，破壞比製造要容易得多。

怎麼辦？

曹操，世之大奸雄，一生以陰險、狡詐、奸猾著稱。

他想了個招，連設七十二迷墓，真真假假，讓盜墓者真假難辨，空勞其力。

曹操的想法雖然高明，但還不夠絕。

有人在曹操想法的基礎上來了個更狠的——「萬馬踏平」。

被後世譽為「一代天驕」的成吉思汗，一生拉弓拔箭、戎馬風雲，率領數萬蒙古軍縱橫馳騁於歐亞大陸，征服地域西達中亞、東歐的黑海海濱，全世界為之矚目。

現在，內蒙古自治區西部的鄂爾多斯草原上，巍巍然屹立著成吉思汗的陵墓。

據說，成吉思汗率領軍隊西征西夏，路過此地，深為這裡的秀麗景色所吸引，留戀之際，馬鞭滑落掉在地上。隨從要拾馬鞭時，成吉思汗制止道：「花角金鹿棲息之所，戴勝鳥兒育

第一章　開創霸業：成吉思汗的傳奇征程

雛之鄉，衰落王朝振興之地，白髮老翁享樂之邦。」隨後對左右說：「我死後可葬此地。」

成吉思汗在六盤山逝世後，屬下準備將他的靈柩運回故地安葬，但靈車路過鄂爾多斯草原時，車輪突然深陷地裡，人架馬拉也紋絲不動。這時，大家想起了成吉思汗生前的話，於是，就地將成吉思汗安葬在了鄂爾多斯草原上，並留下五百戶達爾扈特人守護。

從此，這裡便被叫做伊金霍洛，意為主人的陵園。

成吉思汗的第三十四代嫡孫、中國最後一位蒙古王爺奇忠義先生曾自豪地對人們說，這裡每年都要舉辦大祭儀式，蒙古族人視其為聖地。

但是，這裡其實只是成吉思汗的衣冠塚！

不過，奇忠義老人說：「外人不知道，位於伊金霍洛旗的成吉思汗陵很重要，並不僅僅是先祖成吉思汗的衣冠塚。成吉思汗的靈棺中有很多祕密，但是不能說。」

奇忠義一臉神祕地說：「從蒙古人的習俗和過去信奉的薩滿教講，祭奠先人主要是祭靈魂，不是祭屍骨。按照蒙古民族的習慣，人將死時，他的最後一口氣 —— 靈魂將離開人體而依附到附近的駝毛上。根據史料記載，吸收成吉思汗先祖最後一口氣 —— 也就是靈魂的駝毛，幾百年來就收藏於鄂爾多斯成吉思汗陵。」

關於成吉思汗的死因,《蒙古祕史》記載,出征西夏前一年,成吉思汗已有不適,又外出打獵,從馬背上摔下受傷,發起高燒,因此取消了進攻西夏的計畫。但西夏使臣卻出言不遜,招致成吉思汗勃然大怒:「他說如此大話,我們如何可回?雖死呵,也去問他。長生天知者!」於是強支病體出征。最終雖然滅亡了西夏,而成吉思汗也累死在軍營裡。

成吉思汗死前,為了不讓盜墓者破壞自己靈魂的安寧,想了個釜底抽薪式的絕後計,即上文提到的「萬馬踏平」。

什麼是「萬馬踏平」呢?

南宋人彭大雅在《黑韃事略》中記:「其墓無塚,以馬踐踩,使如平地。若忒沒真(成吉思)汗之墓,則插矢以為垣,闊逾三十里,邏騎以為衛。」即成吉思汗陵墓的埋葬地點不立標示、不公布、不記錄在案,下葬後,土回填,最後萬馬踏平。為了防止外人發覺陵墓地址,在將陵墓踏平之後,其將士還要用帳篷將周圍地區全部圍起來,待到墓葬地面上的青草長出,與周圍的青草無異,才將帳篷撤走。

《元史》也記:「國制不起墳壟。葬畢,以萬馬踩之使平,彌望平衍。」

明朝葉子奇在《草木子》中則記:「⋯⋯掘深溝一道埋葬,以萬馬踩之使平。殺駱駝於其上,以千騎守之。來歲草既生,則移帳散去,彌望平衍,人莫知也。」、「殺駱駝於其上」的目的是,只要在墓葬地表殺死一頭小駱駝,那麼陪伴這頭小駱駝

第一章　開創霸業：成吉思汗的傳奇征程

前來的母駱駝就會十分悲痛地號叫，並且記住這個地點。來年來祭祀的時候，把這頭母駱駝牽來，在殺死小駱駝的地點，母駱駝就會悲痛地流淚。這樣，前來祭祀的人就能找到墓葬的確切地點。不過，這頭母駱駝死後，後人就再也找不到陵墓的具體地址了。

一位蒙古學專家預言，成吉思汗的陵墓裡可能埋藏著大量奇珍異寶，裡面的工藝品甚至比秦始皇陵出土的兵馬俑還要壯觀。

成吉思汗的財富比秦始皇多得多，則他的陵墓裡埋藏著他滅了二十多個王國得來的無價珍寶也未可知。

也就是這個原因，多少年來，極大地吸引著無數探險家、考古學家苦苦尋覓。

現在只有內蒙古鄂爾多斯草原建有一座成吉思汗的衣冠墓，那裡只供奉著吸有成吉思汗最後一口氣的白駝毛和他生前用的馬鞍。

第二章
一統天下：
元朝的建立

第二章 一統天下：元朝的建立

▍元朝是中國歷史的一部分嗎？
來看忽必烈自己的文化認同

元朝的開創者是元世祖忽必烈，我們來看看忽必烈自己的文化認同，就可以給予元朝正確的歷史定位。

忽必烈最遲在西元 1242 年接觸到漢文化。

《佛祖歷代通載》卷二一〈海雲傳〉載：該年，禪僧海雲及其徒子聰──即劉秉忠觀見忽必烈。

忽必烈問海雲：「佛法中有安天下之法否？」

海雲坦承自己學識淺薄，不足以解答，建議由大賢碩儒來講解古今治亂事。

劉秉忠卻趁機賣弄才學，「應對稱旨」，「論天下事如指諸掌」。

〈趙璧神道碑〉又載：同年，忽必烈召儒者趙璧至漠北，為自己講《大學衍義》以及《論語》、《大學》、《中庸》、《孟子》諸書。

忽必烈對前代帝王事蹟極其感興趣，效仿唐太宗為秦王時廣招四方文士之舉，派趙璧等徵召前金狀元王鶚及眾多中原儒者到漠北王府，以探求前代興亡事，兼了解中原地區的政治、民情和人才等。

由〈題諸公與智參議書啟〉可知，王鶚和中原儒者張德

輝、姚樞、商挺、竇默、楊果等人為他講解了三綱五常、分析了金朝滅亡原因，並「纂五經要語以進」。

忽必烈對中原歷史和文化無比仰慕，常常追問：「方今有如周公者乎？」時時欲徵求魏徵那樣的人才為輔佐，有在中原立國之宏願。

元好問在《遺山先生文集》中稱讚說：「王府忠國撫民，一出聖學。」

翰林待制王思廉因此專門向忽必烈進讀《資治通鑑》。

知曉了古今事，忽必烈命伯顏征宋時，專門諭以曹彬不殺取江南的史事；召見亡宋趙氏宗室趙孟頫，感慨萬端地說：「（宋）太祖行事，多可取者，朕皆知之。」

《高麗史·鄭可臣傳》記載有一件忽必烈尊儒重儒的趣事。

至元二十七年高麗世子入朝，某日，忽必烈於便殿靜臥，世子入見。忽必烈漫不經心地問之近日所讀何書。世子畢恭畢敬地答，自己有儒師鄭可臣在身邊，可以隨時請教，所讀何書，均由儒師指定。忽必烈大喜，急切要見鄭可臣。鄭可臣隨即入殿。忽必烈急起振衣整冠，肅責世子說：「爾雖世子，吾甥也；彼雖陪臣，儒者也，何可令我不冠以？」

由此可知，儒者在他心中的地位遠高於高麗世子。

武備寺以唐兀人闊闊出善造弓，奏用為官，忽必烈拊掌笑道：「孔子言三綱五常；人能自治，而後能治人；能齊家，而

第二章　一統天下：元朝的建立

後能治國。汝可以此言諭之，而後用之。」

可以說，不知不覺間，忽必烈諸多言談舉止都流露出了濃郁的儒家文化。

入中原後，忽必烈經常詢問臣下：「漢祖、唐宗孰與寡人？」

忽必烈行事喜歡以中原古史範例為依據——他授葉李為尚書省左丞，葉李一再謙讓，其遂悅，說：「商起伊尹，周舉太公，豈循格耶！」蒙古諸王昔里吉等人發動叛亂，忽必烈儼然以承襲中原帝王正統自居，稱之為「北方人擾邊」。

日本人來京朝見，忽必烈也以中原帝王的口吻教訓說：「爾國朝覲中國，其來尚矣。今朕欲爾國之來朝，非以逼汝也，但欲垂名於後耳。」

忽必烈建國號「大元」，也是「紹百王而紀統」，自覺將本朝匯入中華帝統的體系。他追尊成吉思汗廟號為太祖、立真金為皇太子，並頒詔編修《宋史》、《遼史》、《金史》……所行制度，都嚴格按照中原王朝的體例來進行。

一百年後，明太祖朱元璋驅逐走了蒙元，命人著手編修《元史》，也等於承認了元朝的正統性。

《明史》卷二〈太祖本紀〉中，還記載有朱元璋因不滿臣子過度詆毀元朝而說的一句話，云：「元主中國百年，朕與卿等父母，皆賴其生養，奈何為此浮薄之言？」

宋末元初大英雄，
與文天祥齊名，忠義浩氣光照千古

陸秀夫是南宋王朝最後一任左丞相，抗元名臣，與文天祥、張世傑並稱為「宋末三傑」，精忠浩氣長存千古。

早年的陸秀夫，只是一個文弱書生，志存高遠，德行高潔，才情高邁。《宋史》裡說他「才思清麗，一時文人少能及之。性沉靜，不苟求人知，每僚吏至閣，賓主交歡，秀夫獨斂焉無一語」。富有才華，卻貞靜自處，性格沉靜、內向，不喜歡與人說話。

陸秀夫參加了南宋理宗寶祐四年（1256 年）丙辰科進士科學考察試，為第二甲第二十七名。

該榜第一甲第一名為文天祥，第二甲第一名為謝枋得。

文天祥、謝枋得和陸秀夫在神州陸沉之際，為國事奔走操勞，寧死不降，壯烈就義，成了數百年來忠臣烈士的楷模。

寶祐四年（1256 年）丙辰科進士科學考察試被後人譽為「忠節榜」。

陸秀夫、文天祥、張世傑、謝枋得等人，都是明知事不可為而為，雖萬千人吾往矣，力挽狂瀾於既倒。

宋恭帝德祐元年（1275 年），蒙古人拔下襄陽堅城，以排山倒海之勢南侵，直逼南宋首都臨安（今浙江省杭州市）。

第二章　一統天下：元朝的建立

南宋小朝廷震響莫名，計無所出，五歲的小皇帝宋恭帝於德祐二年（1276年）出降。

宋度宗的楊淑妃則在攝行軍中事的江萬載父子所帶殿前禁軍的護衛下，帶著自己的兒子益王趙昰、廣王趙昺僥倖脫逃。

孤兒寡母在婺州（現浙江省金華市）得與陸秀夫相遇，在陸秀夫的主持下，剛滿七歲的趙昰在福州登基做皇帝，是為宋端宗，改元「景炎」，仍由老臣江萬載祕密攝行軍中事，統籌全域性，封弟弟趙昺為衛王，張世傑為大將，陸秀夫為簽書樞密院事，文天祥為少保、信國公。

元人聽說宋人又另立一帝，不由大為光火，兵鋒向南，一意要斬草除根。

宋端宗景炎二年（1277年），福州淪陷，南宋小朝廷流亡海上，又應了那一句話：屋漏偏遭連夜雨，船破又遇打頭風。在逃往雷州的途中，遇上颱風，帝舟傾覆，宋軍實際統帥江萬載被風浪捲下大海，端宗也因此得驚悸病死。

群臣心灰意懶，都有散夥各尋生路之意。

陸秀夫慨然說：「度宗皇帝一子尚在，將焉置之？古人有以一旅一成中興者，今百官有司皆具，士卒數萬，天若未欲絕宋，此豈不可為國邪？」

陸秀夫在危急存亡之際，帶領眾大臣擁立衛王趙昺為帝，改元祥興，其本人受命任左丞相，與太傅張世傑共撐危局。

元朝漢將張弘範對陸秀夫恨得咬牙切齒，上書忽必烈，稱南宋一帝既死，陸秀夫又立一帝，必須迅速剿滅，免為大患。

忽必烈於是任張弘範為元帥，分水陸兩路進兵。

張弘範來勢凶猛，先在陸上生擒勢單力薄的文天祥，後以扇形展開進攻，封死廣州沿海所有陸路，水師進逼崖山。

實際上，南宋自從被金帝國壓制在淮河以南一線後，一直積弱不振，卻憑藉著堅毅的意志苦苦抵抗了新興的蒙古帝國近半個世紀之久。

崖山一戰，是一場完全不對等的戰爭，也是兩個民族之間的絕世之戰。雙方共投入兵力五十餘萬，動用戰船兩千六百多艘。

蒙古帝國所向無敵，對這場戰爭，乃是穩操勝券、志在必得。

南宋小朝廷浮國海上，無可再退，所能倚仗的，是陸秀夫、張世傑等一大批忠臣烈士，為捍衛漢家江山的尊嚴做最後一戰。

戰鼓敲響，炮聲日隆。

南宋的最後一批忠直孤臣在歷史留給他們最後的舞臺上泣血演出，紛紛蹈行忠義誓言，交出了氣壯河山的答案。

張世傑在大勢已去之際，派遣親兵駕小船，衝開血路，前去迎接趙昺和陸秀夫。

而元軍也已殺到了宋舟師中心。

第二章　一統天下：元朝的建立

陸秀夫對張世傑派來接駕的小船難辨真偽，擔心是元軍派來的奸細，斥退來人，揮劍驅妻子赴海，接著迎著滔天巨浪，放聲長哭。

哭罷，轉身替趙昺整理好衣服，鄭重行了叩拜大禮，鎮定從容地說：「陛下，國事至此，不可再辱！」

年僅七歲的小皇帝堅定地點了點頭。

於是，陸秀夫再無餘慮，伏下身子，揹著幼主，義無反顧地一起跳進了大海，沉沒在翻滾不息的波濤之中。

宋軍兵力號稱二十多萬，其實，有戰鬥力的不過四五萬人，其餘全是跟隨朝廷逃難的普通百姓。

十幾萬百姓看著丞相和皇帝已經殉國，也都毫不猶豫，紛紛跳海殉國。

先前在潮州五坡嶺被俘的文天祥被囚禁在元軍船中，目睹了崖山海戰的全過程，目眥盡裂，卻無力回天，揮淚作詩〈二月六日，海上大戰，國事不濟，孤臣天祥，坐北舟中〉向南慟哭，為之詩曰，酣呼：「我欲借劍斬佞臣，黃金橫帶為何人？」

張世傑雖已成功突圍，但聽到少帝趙昺的死訊，仰天大哭道：「吾先立一君，不想身亡；復立一君，此君亦亡，這可如何是好！」不久，也壯烈殉國。

《宋史》由此下結論：「張世傑死，遂宋亡。」

數日之後，海上浮屍十餘萬，山河為之變色。

沿海百姓找到陸秀夫的屍體，安葬在廣東新會二城村附近。

南宋遺民林景熙賦詩讚：「生藏魚腹不見水，死抱龍髯直上天。板蕩純臣有如此，流芳千古更無前。」

陸秀夫的忠義之名，絲毫不輸文天祥。

明人蔣一葵在《堯山堂外紀》就說：「擎天者，文天祥。捧日者，陸秀夫。」

元朝樞密院副使兼潮州路總管丁聚，仰慕陸秀夫高風亮節，另於汕頭南澳島青徑口為陸秀夫建衣冠塚，並題碑「宋忠臣左丞相陸公墓」。

元朝滅亡後，廣東新會二城村人重修陸秀夫墳墓，建亭立碑，石馬石獅，安排專人守墓。

但在明末清初亂世，有人看上了陸秀夫墓所在地的風水，竟然打斷古碑，連同石馬、石獅一起扔到了河裡，沉香木棺材也挖出來燒了，骨骸散佚。

文天祥之弟叛國，文天祥卻認可他們的做法

文天祥一共有三個弟弟和三個妹妹。三個弟弟分別叫文璧、文霆孫、文璋，其中文霆孫早卒。

文天祥是南宋的狀元丞相，他在大廈將傾、狂瀾既倒的危

第二章　一統天下：元朝的建立

難情況之下，明知不可為而為之，起兵勤王，轉戰各地。兵敗被俘後，堅貞不屈，留下了〈正氣歌〉等詩歌名篇，他也因此成為史上著名的捨生取義楷模。

然而，文天祥那兩個親弟弟文璧、文璋，他們在元朝大軍兵臨城下之際，選擇了打開惠州城門，舉家降元。

對於文璧、文璋兄弟的做法，人們是非常鄙視的。當時有人寫詩諷刺說：

江南見說好溪山，兄也難時弟也難。

可惜梅花如心事，南枝向暖北枝寒。

文天祥號文山，文璧號文溪，「溪山」指兄弟二人。另外，因文天祥寫過「江上梅花都自好，莫分枝北與枝南」的詩句，故此詩中的梅花也指他們兄弟，「南枝」、「北枝」的暖寒有別，是說他們一死一生、一殉一降的結局。

幾百年後，「十全老人」乾隆皇帝也站在道德制高點上痛斥說：「子不知終弟受職，應難地下見其兄。」

話說回來，至元十七年（1280年），元廷任文璧為臨江路總管兼府尹，並下詔徵召他前往大都朝覲，兼向文天祥勸降。

在大都獄中的文天祥完全理解弟弟們的降敵行為，寫下了〈聞季萬至〉：

去年別我旋出嶺，今年汝來亦至燕。

弟兄一囚一乘馬，同父同母不同天。

可憐骨肉相聚散，人間不滿五十年。

三仁生死各有意，悠悠白日橫蒼煙。

顯然，文天祥並沒有指責弟弟的意思。

至元十八年（1281 年）正月初一，文天祥在獄中寫〈批付男䎽子〉一信給文璧的兒子、自己的繼子，明確表達了自己的態度：「吾以備位將相，義不得不殉國；汝生父與汝叔姑，全身以全宗祀。唯忠唯孝，各行其志矣。」

這句話翻譯成現代文，即是：我深受宋朝國恩，位居丞相，不得不堅持大義以殉國；你的生父、叔叔和姑姑們，必須保全自己以延續文家香火。我來盡忠，他們來盡孝，各自履行自己的職責。

效忠蒙元的金國漢人算漢奸嗎？我們來看這個元朝「蘇武」的表現

效忠蒙元的金國漢人算漢奸嗎？

這個問題頗為複雜，得一分為二看。

像史天澤父子、張柔父子，雖然是金國人，卻是漢人血統，他們棄金入蒙的行為，總讓人覺得他們是金、蒙之外的第三方，在擇主而事，不算得什麼背信棄義，沒有過多可以指責的。

第二章 一統天下：元朝的建立

但是，他們在蒙元滅宋的過程中，翻蹄亮掌，追亡逐北，大肆屠殺漢人，這就是欺宗滅祖的禽獸行為了，罵他們一句「狗漢奸」，真還是輕的。

但對於劉秉忠、姚樞、郝經這類文人，重在文治，他們入蒙後，主要是為蒙元統治者進獻治理國家的措施，實施經濟、文化建設的策略，稱之為漢奸，就不太恰當了。

下面以郝經為例，相信大家看了他的經歷，就不會認為他是什麼大惡人、大壞人、大漢奸了。

郝經家自八世祖郝祚而下，都是澤州（今晉城）陵川望族，幾代人教書授業為生。

金正大八年（1231 年），郝經出生。此時，金朝的滅亡已經進入了倒計時。

襁褓中的郝經在父母的懷抱裡先是避難於河南魯山，後徙居於順天府（今河北保定），靠其父親教授生徒艱難度日。

郝經自小好學，勤於鑽研，專治六經，潛心伊、洛之學，涉獵諸史子集，稍長，「以興復斯文，道濟天下為己任」。

由於學問品行出眾，乃馬真後二年（1243 年），郝經先後被蒙古元帥賈輔和張柔聘請到家中設館教書。

這期間，郝經結識了金朝遺老元好問和理學大師趙復。

元好問非常賞識郝經，常常與他討論作詩作文之法。

趙復更是看好郝經，稱「江左為學讀書如伯常（郝經字伯

常）者甚多，然似吾伯常挺然一氣立於天地之間者，蓋亦鮮矣」。

趙復可沒看走眼，他稱讚郝經「挺然一氣立於天地之間」，實在是恰如其分。

曾經，一位來自郝經家鄉陵川的道士，在順天府遇上了郝經，向他講述了家鄉百姓受蒙古官僚壓迫的種種慘象。郝經書生意氣，熱血翻滾，憤然執筆寫下了〈河東罪言〉，甘冒奇險，交賈輔轉呈忽必烈。忽必烈有開國帝王的胸襟，不僅沒有怪罪郝經，反而兩次遣使召見。

元憲宗六年（1256年）正月，郝經見忽必烈於沙陀。忽必烈詢問以經國安民之道和帝王當行之事，郝經即「告以親親而仁民，仁民而愛物之義」，深得忽必烈所喜。

元中統元年（1260年），忽必烈在開平即汗位，立即頒發政令，革除了蒙古諸王直接向種地人徵稅的權利，大大減輕了北方人的負擔。

而自從滅金以後，蒙古軍就開始謀求併吞南宋，屢屢南下。郝經持否定態度，多次向忽必烈講述「古之一天下者，以德不以力」的歷史經驗，認為蒙古國是「諸侯窺伺於內，小民凋敝於下」，而南宋則是「君臣輯睦，政事修明，無釁可乘」，極力反對伐宋，建議把精力放在內部建設上。

憲宗八年（1258年），蒙哥汗命忽必烈分兵南征鄂州，郝

第二章 一統天下：元朝的建立

經隨軍南下，一路對忽必烈苦苦相勸。當蒙哥汗死於合川釣魚山，忽必烈感覺到汗位繼承權受到阿里不哥的篡位威脅，答應了郝經的建議，班師北上，最終順利繼承了汗位。

隨即，忽必烈授郝經為翰林院侍讀學士，令其出使南宋議和。

南宋當政的是奸相賈似道，他害怕自己冒功鄂州（今湖北武漢）卻敵的劣跡敗露，把郝經一行拘禁於真州（今江蘇儀徵）。

為招降郝經，賈似道多次對郝經展開威逼利誘。

郝經心堅如鐵，寧死不屈。結果，被關押了整整十六年！

在這漫長的十六年裡，郝經苦中作樂，改寫了陳壽編撰的《三國志》的體例，推倒其以占據中原的曹魏為正統的模式，將偏居一隅的蜀漢小朝廷奉為傳承華夏王朝統緒的合法政權，該書定稿後，題名為《續後漢書》，在清乾隆朝，被收入《四庫全書》。

乾隆皇帝覽書後，題詩大讚郝經「身充信使被拘留」、「空言思託著書酬」。

郝經不但效仿司馬遷在困厄中著史，還處處以蘇武為榜樣，決意堅守到底，他曾作詩云：

心苦天為碎，辭窮海欲乾。

起來看北斗，何日見長安。

不用說，郝經所說的「長安」就是元京「大都」；「何日見長安」，即表示自己無日不思念返還元京大都。

蘇武在漢武帝朝出使匈奴，被扣押於北海（今貝加爾湖），歸漢無期。後來漢昭帝繼位，與匈奴和親，索還蘇武。匈奴人謊稱蘇武已經病死。漢使略施小計，說大漢天子在上林苑射落一雁，雁足繫有蘇武親筆所寫帛書，書述本人仍在北方沼澤中被困。匈奴人沒辦法，乖乖奉還蘇武。郝經熟讀經史子集，當然知道這一典故，為求脫困，他在春暖花開、南雁北歸的日子裡，買通看守人員，代購來一隻大雁，寫帛書繫於雁足，裡面寫詩一首，云：

霜落風高恣所如，歸期回首是春初。

上林天子援弓繳，窮海累臣有帛書。

後題曰：「中統十五年九月一日放雁，獲者勿殺，國信大使郝經書於真州忠勇軍營新館。」

接著將雁放飛，希望元朝子民射雁能看到帛書，想法相救。

實際上，郝經所寫的「中統十五年」應為「至元五年（1274年）」。蓋因他被拘於真州，不知元朝已經改元，自推為「中統十五年」。

郝經被關了十多年，忽必烈實不知他是死是活。

到了至元十一年（1274年），汴梁獵戶在北宋皇家園林金

> 第二章　一統天下：元朝的建立

明池射下郝經放飛的雁，發現了雁足上的帛書，上報了元廷，忽必烈即命丞相伯顏率兵伐南宋，索還郝經。

南宋風雨飄搖，為求安寧，不得不禮送郝經北歸。

至元十二年（1275 年）夏，郝經終於重見天日，回到了闊別十六年的大都，得忽必烈賜宴於廷，恩寵有加。

不過，也在這年秋天，郝經猝然病卒，諡「文忠」。

郝經心繫天下，愛好和平，又忠貞不屈，有蘇武之節，為人真沒得說。

畢沅在《續資治通鑑·卷第一百八十三》讚：「經為人，尚氣節，為學務有用。」

三代將門，名將輩出，能征慣戰，功蓋天下，但在歷史上名聲不佳

提起三代將門，相信很多人第一個想到的就是北宋楊家將。

楊家將為三代將門，是哪三代呢？

第一代指楊令公楊繼業，其原先為北漢保衛指揮使，以驍勇著稱，以功升遷到建雄軍節度使。戰功卓著，所向無敵，國人號稱「楊無敵」。自北漢入宋後，便任判代州兼三交駐泊兵馬都部署，加雲州觀察使，雁門關大戰顯赫天下。

第二代為楊繼業之子楊延昭，楊繼業戰死後，其子弟多遷補軍職，其中楊延昭在宋真宗朝又以河北守將聞名，歷知保州兼緣邊都巡檢使及高陽關副都部署等，加莫州防禦使。真宗稱讚曰「有遺父之風」，因抗遼中有赫赫戰功，遼稱為「六郎」。

　　第三代為楊延昭之子楊文廣，楊文廣曾追隨范仲淹於對夏前線，又從狄青南征。治平中，遷步軍都虞候。

　　楊繼業一門為大將三世，是中國古代歷史上一個耀眼的將星群體，也是深得後人敬仰和愛戴的英雄家族。

　　實際上，像楊家將這樣三代為將的家族並非楊家的專利，比如，在元朝，就有一個家族，也是名將輩出，個個能征慣戰，基本是攻必克、戰必勝，所向披靡，功高如山，遺憾的是，名聲並不好。

　　這個家族，就是以史天澤為代表的「史家將」。

　　史家將的第一代領軍人物為史秉直。

　　史秉直原籍為大興府永清縣（今河北省廊坊市永清縣永清鎮），屬金國管轄，史家為聞名河朔的豪強大戶，《元史》中記：金朝末年，河朔諸郡結清樂社四十餘，社近千人，每年年節均掛史家先祖史倫畫像祭祀。

　　蒙古太祖八年（1213年）七月，成吉思汗率蒙古大軍南下攻金，進至河北一帶。

　　史秉直堪稱識時務的俊傑，率眾鄉里數千人，巴巴地趕往

第二章　一統天下：元朝的建立

涿州（今屬河北）蒙古軍太師木華黎軍門歸降。

蒙古軍要侵併中原，自然要網羅鷹犬，史秉直帶數千人主動來投，哪有不笑納之理？

史秉直遂得令領降人家屬屯霸州（今屬河北），招攬各地來附者達十萬家，挑選出壯勇萬人，號稱清樂軍。

次年秋，木華黎攻下金國北京大定府（今內蒙古自治區寧城西），授史秉直為行尚書六部事。

史秉直共有三個兒子：長子史天倪、次子史天安、幼子史天澤，個個都長得龍精虎猛。

因為史秉直的緣故，史天倪被木華黎引薦為萬戶。

《元史》對史天倪說得極神，說他剛剛出生的那天黃昏，白氣貫庭。而在六七歲的年紀，就長得「姿貌魁傑」。曾有道士替他看相，說他長得是「封侯相也」。史天倪讀書勤奮，日誦千言。可惜長大後，屢舉進士不第。但這並沒有挫敗他的雄心，他常常撫劍長嘯，大呼道：「大丈夫立身，獨以文乎哉！使吾遇荒雞夜鳴，擁百萬之眾，功名可唾手取也。」

史天倪科場失意，卻是戰場得意。

史秉直屯霸州建清樂軍後，便將這擁有萬人之眾的清樂軍交由史天倪掌管。

史天倪的將略之才一下子就展現了出來，其以堂兄史天祥為先鋒，幫蒙古人打天下，分兵略三河、薊州，所向無敵，諸

寨望風款服。

由此,木華黎初見史天倪,便生好感,引薦他為萬戶,負責統率降卒,跟隨自己攻略三關以南的地盤,一直殺伐到東海,所過城邑皆下。

史天倪的策略目光尚勝於木華黎,他對木華黎說:「金棄幽燕,遷都於汴,已失策矣。遼水東西諸郡,金之腹心也。我若得大寧以扼其喉襟,則金雖有遼陽,終不能保矣。」

木華黎聽了,大為嘆服,拊手稱妙。

太祖九年(1214年),史天倪隨木華黎面見了成吉思汗,因「所陳皆奇謀至計」,得到了成吉思汗的喜愛,被賜金符,授馬步軍都統,管領二十四萬戶。

接著,史天倪隨從木華黎攻高州,又攻金國北京大定府,皆不戰而克。

次年,史天倪授右副都元帥,改賜金虎符,奉詔南征,下平州、挺進真定。

鎮守真定的是史天倪的命中剋星——威州(治今井陘縣東北)人武仙。

武仙家和史家一樣,也是地方豪強,他本人在蒙古軍和金軍爭奪河北時,招聚鄉兵自守,聲勢很大,被金朝搶先收買,進宣撫使,封為恆山公,總領中山、真定府,沃、冀、威、鎮寧、平定州,抱犢寨、欒城、南宮等地。

第二章　一統天下：元朝的建立

按照《金史·武仙傳》裡面的說法，和武仙同時封授「公」銜的九公中，他的勢力最強盛。

史天倪算是遇上了對手，數番狂攻真定而不能下，只好移軍圍大名。

攻破大名城後，史天倪與木華黎會兵於燕南，平定清州王守約、平州合達之亂，揚威山東諸郡，逼得中山李明、趙州李瓚、邢州武貴、威州武振、磁州李平、洺州張立等豪雄望風而降。

而經過這一輪輪殺伐，真定已經成孤城。

史天倪耀武揚威，整軍再圍真定。

武仙心生恐懼，已有降意。

史天倪的堂兄史天祥充當孤膽英雄，以一副下龍潭、探虎穴的豪情壯志入城勸降。

武仙沒有太多猶豫，乖乖出降。

木華黎承制以史天倪為金紫光祿大夫、河北西路兵馬都元帥，鎮守真定，行府事，而以武仙為其副手。

真定是金、宋、蒙古三股勢力交會的重鎮，三方都爭著要，在金、蒙爭搶達到平衡點時，真正的主人乃是武仙。

現在武仙一下子成了史天倪的副手，極其不爽，一直思謀奪回權位。

而在史天倪帶領家屬到真定赴任前夕，其父史秉直也有種

不祥的預感，曾密誡他說：「觀武仙之辭氣，終不為我用，宜備之。」

史天倪不以為然，說：「我以赤心待人，人或相負，天必不容，願無慮。」

太祖十九年（1225年），武仙的黨羽據西山腰水、鐵壁二寨反叛，史天倪幾乎沒費吹灰之力就將之剿滅了。

武仙覺得事不宜遲，必須搶先發難。

他以賠罪為名，設宴邀史天倪。

史天倪自詡「以赤心待人」，人絕不相負，大大咧咧地應邀赴宴。

結果，他在宴席上吃到了板面刀，一命歸陰。

史天倪死時，年僅三十九歲。

其妻程氏，聽說城內起亂，生怕自己的身子被亂賊玷汙，橫刀自殺。

史天倪共有五子，三個年幼的，俱死於難。只有史楫、史權與史秉直同住在北京，躲過了大難。

史天倪被害，史家將第二代領軍人物史天澤正式登場。

《元史》對史天澤的描述恍若神人，稱其「身長八尺，音如洪鐘，善騎射，勇力絕人」。

史天倪遇難時，史天澤正在護送母親去北京的路上，初聞噩耗，便不管不顧，口中大呼：「兄弟之仇，義所當復，雖死

第二章　一統天下：元朝的建立

不避，況未必死邪！」掉頭向南，沿途一路收集逃散的部眾，同時一面向木華黎之子孛魯求援，一面呼喚時為帳前軍總領兵的二哥史天安來助。

孛魯承制命史天澤襲兄職為都元帥，並發三千蒙古兵來援。

史天澤與二哥史天安會合，進兵盧奴（今定州市）。

武仙部下最為驍勇的悍將葛鐵槍率萬人來戰。

史天澤率軍迎擊，身先士卒，生擒葛鐵槍，攻克盧奴，略無極，拔趙州（今趙縣），進軍野興，一舉收復真定，武仙落荒而逃。

老實說，史天澤的文才武略均在其兄史天倪之上。

他在擔任都元帥後，在滅金、滅宋的過程中屢建奇功。

窩闊台汗二年（1230 年），蒙古諸軍圍攻衛州（今河南衛輝），金將完顏合達以眾十萬來援，蒙軍數戰不利，諸將皆北。史天澤以千人繞出其後，為蒙軍擊敗十萬金軍、收復衛州奠定了勝局。

窩闊台汗五年（1233 年），史天澤會蒙古諸軍於蒲城（今屬陝西），將金將完顏白撒部八萬之眾，俘斬殆盡，予金王朝以致命一擊。

金哀宗以單舸東走歸德（今河南商丘），史天澤緊追不捨，一直追至蔡州（今河南汝南）。

窩闊台汗命元帥塔察率大軍合圍蔡州，史天澤當其北面，結筏潛渡汝水，血戰連日，終於攻破蔡州城，金哀宗在幽蘭軒上吊自殺，金朝宣布滅亡。

滅金後，史天澤的刀鋒轉向南宋。

窩闊台汗七年（1235年），史天澤隨皇子曲出攻南宋，進至棗陽（今湖北棗陽），其奮勇先登，比蒙古軍表現得還要拚命和賣力，一舉拔城。

繼攻襄陽（今湖北襄樊），更是勢如瘋虎，當時，宋軍以舟數千陳列於峭石灘。史天澤挾二舟載死士，豁出命來，直搗前陣，宋軍為之氣奪，被殺溺了數萬人。

窩闊台汗九年（1237年），宗王口溫不花攻光州（今河南潢川），又是隨征的史天澤率軍先破外城，再破子城。

隨後的復州（今湖北天門）之戰，宋軍以三千舟船鎖湖面為柵。

伐宋急先鋒史天澤指天大笑，稱「柵破，則復自潰」。

其親執桴鼓，督勇士四十人攻其柵，不逾時，柵破，蒙軍由此昂然進入淮南。

在壽春（今安徽壽縣），史天澤軍遭到宋軍乘夜劫營，史天澤單騎迎戰，擊殺數人，麾下兵繼至，最終扭轉戰局，將數萬宋軍驅入淮水中淹死。

其後，史天澤乘勝鼓勇，連下滁州（今安徽滁縣）、盱眙

第二章 一統天下：元朝的建立

（今屬安徽盱眙）和寶應（今屬江蘇）等淮東州縣。

蒙哥汗八年（1258年），蒙哥汗入川攻宋，史天澤統水軍在嘉陵江阻擊南宋援蜀的大將呂文德，其分軍為兩翼，順流縱擊，三戰三捷，奪其戰艦百餘艘，追至重慶而還。

中統元年（1260年），忽必烈在開平（今內蒙古自治區正藍旗東）即帝位，首召史天澤，問以治國安民之道，史天澤具疏以對，侃侃而談，得拜中書右丞相，從征阿里不哥，斬阿里不哥大將合丹火兒赤，立功甚多。

中統三年（1262年）二月，據守山東的李璮暗中通知南宋，發動武裝叛亂。史天澤對忽必烈笑稱李璮這是「豕突入絅，無能為也」，受忽必烈詔旨，率軍討伐。到了濟南，其深溝高壘，圍困了足足四個月，最終活捉李璮，斬於軍門。

李璮身為漢人作亂，已引起忽必烈對漢人地方勢力的關注和猜疑。

史天澤是個人精，善猜上意，馬上主動要求解除兵權，一臉誠懇地對忽必烈說：「兵民之權，不可並於一門，行之請自臣家始。」

於是，史氏子姪，即日解兵符者十七人。

史天澤此舉，大得忽必烈歡心，至元元年（1264年），在保持其右丞相之職不變的情況下，又加光祿大夫。

至元三年（1266年），太子真金持銜為樞密正使，史天澤

則任樞密副使。

至元四年（1267年），又改授中書左丞相。

至元十年（1273年）春，史天澤與平章阿朮等進攻樊城，城克，襄陽宋將呂文煥出降。

至元十一年（1274年），忽必烈下詔派史天澤與丞相伯顏一起統領大軍，自襄陽水陸並進，發起對南宋的終極一擊。

這一年，史天澤已經七十三歲了，一把老骨頭受不了折磨，行至郢州，患病，不得已，申請返至襄陽修養。

忽必烈聞訊，非常關心，派近侍攜葡萄酒相賜，慰勉說：「卿自朕祖以來，躬擐甲冑，跋履山川，宣力多矣。又，卿首事南伐，異日功成，皆卿力也。勿以小疾阻行為憂。」

這樣，在忽必烈派人護送下，史天澤返回了真定家中，於至元十二年（1275年）二月七日病死。

忽必烈震悼，表現得相當夠意思，遣近臣賜以白金二千五百兩，贈太尉，諡忠武。後累贈太師，進封鎮陽王，並立廟紀念。

這裡補敘一下史天澤的二哥史天安。

此人在蒙國滅金過程中也立下過赫赫戰功，但命短，壯年病死。他的兒子史樞以勳臣子的身分知中山府，跟隨其三叔史天澤參與了一系列攻伐南宋的戰鬥，病死於至元二十四年，時年六十七歲。他的長子史煥，為昭勇大將軍、後衛親軍都指揮

第二章 一統天下：元朝的建立

使，佩金虎符；次子史煇，為奉訓大夫、祕書少監。

這裡重點要說的是史家將第三代領軍人物——史天澤之長子史格。

史天澤共有八子，可謂七狼八虎，個個不同凡響。長子史格任湖廣行省平章政事；次子史樟任真定順天新軍萬戶；三子史棣，任衛輝路轉運使；四子史楨，湖廣行省右丞；五子史杞，任淮東道廉訪使；六子史梓，任同知澧州；七子史楷，同知南陽府；八子史彬，任中書左丞。

史天澤長子史格是個敢玩命的人，自小隨父征戰，無畏無懼，奮勇爭先，不避箭矢，一往無前。

蒙軍渡江之戰中，平章阿朮將二十五萬戶居前，每五萬戶擇一人統率，史格居五統帥之一。

渡江當日，史格率軍先渡，被宋將程鵬飛率部擊退，史格本人體被三創，喪其師二百。

史格大感丟臉，在接下來的大戰中，身中流矢而不退，咬牙擊退了程鵬飛，總算出了口氣。

該戰，程鵬飛身被七創，敗走得非常狼狽。

在攻打潭州之戰中，𢴺𡾰柵木，史格被飛來的柵木戳穿肩膀，還被流矢洞貫手臂，他眉頭皺都不皺，裹創先登，一舉拔城！

史格因此得加定遠大將軍，賜玉帶。

既得恩寵，史格愈加賣命，徇廣西十八州、廣東三州，皆下。

隨即，史格升廣西宣撫使，改鎮國上將軍、廣南西道宣慰使。

宋恭帝出降後，陳宜中、張世傑等人擁益王在福州為帝，傳檄嶺海，準備復興宋朝。

元兵元將在廣東、廣西等地征戰連年，有北歸之思，行省有棄廣東肇慶、德慶、封州，並兵戍梧州的想法。

如果此舉實施，南宋小朝廷得以苟延殘喘，沒準能緩過氣來。

但是史格堅決反對，稱：「棄地撤備，示敵以怯，不可，宜增兵戍之。」

最後，忽必烈接受了史格的意見，源源不斷增兵來援，史格終於如願地看到了南宋滅亡的一刻，臉上綻放出燦爛的笑容。

史格後來轉任湖廣右丞，進平章政事，卒年五十八歲。其長子史鐄，任福建行省平章政事；次子史榮，任鄧州舊軍萬戶。

不用說，史家將門三代，為蒙古滅金、滅宋立下了蓋世大功，是元朝的大功臣；但是，他們身上流的是漢人的血，卻甘為異族驅使，滅亡漢人政權，在歷史上名聲不佳，人氣遠遜於忠烈滿門的北宋楊家將。

第二章 一統天下：元朝的建立

● 史上僅有兩次在日本本土上展開的中日大戰

日本島孤懸大海之中，距離大陸遙遠，海上風高浪急，所以，一般沒什麼人去招惹它。

但日本人卻是一個好鬥的民族，其獨居海上一隅，不免坐井觀天、夜郎自大，做起了由島國蛻變為內陸國的美夢，屢以朝鮮半島為跳板，頻頻西顧。

由此，歷史上發生過多次中日戰爭，但戰場基本都不在日本本土。

史上僅有兩次在日本本土上展開的中日大戰，嚴格地說，是在蒙元與日本之間展開的。

與好鬥的日本人相較，由成吉思汗帶領的蒙古人擴張力度更大。

成吉思汗有建立世界大帝國的野心，其率部東征西戰，橫行歐亞大陸，第一次西征滅西遼；第二次西征擊潰波蘭、羅馬聯軍，征服了包括義大利半島在內的區域；第三次西征滅掉阿拉伯帝國、敘利亞，前後平滅了四十多個國家。

蒙古要建立世界大帝國，就不能允許腋下有一個勃勃好鬥的國家存在。

西元 1274 年，忽必烈多次派使者赴日本命令日本稱臣納貢。

日本人自以為天高皇帝遠，斷然拒絕了忽必烈的要求。

拒絕就打！

忽必烈發遠征軍，從朝鮮揚帆出海，駛往九州島，準備一舉把日本人打倒。

這個時候蒙古族的武力攻無不克，戰無不勝，並不把小小的日本放在眼裡。

由此，遠征軍總共只有兩萬五千人，其中蒙古人和高麗人大約各占一半，還有部分女真人和少量漢人。

忽必烈太自大了。

此次作戰，既是勞師遠征，又是蒙古人不擅長的跨海作戰，兵力嚴重不足，又對日本人堅韌好鬥的狠忍程度預估不足，所以戰鬥打得很慘烈，很艱苦。

蒙古人馬快弓強，攜有回回砲；但日本島上不利馳騁，而日本人善於貼身近戰，這麼一來，蒙古人的優勢就失效了。

要命的是，日本當時的冶煉和刀具製作技術世界一流，日本戰刀的效能只有北印度和西亞出產的大馬士革鋼刀可以媲美，其鐵甲防護效能也很強。元軍普通士兵的刀劍與日本刀一碰就斷，而蒙古弓箭又無力穿透日本武士的盔甲，所以蒙軍死傷慘重。

還有，蒙古一向機動靈活的戰術，主要在於只攜帶少量糧草，士兵的夥食要透過掠奪戰爭地區來解決，以戰養戰。可是

第二章　一統天下：元朝的建立

日本人堅壁清野，以貼身近戰把蒙軍堵在沿海一線。蒙古兵無糧可就，只能吃生馬肉、喝馬血以維持生命。

又因蒙古此時並未征服南宋，西線緊張，最後不得不匆匆從日本撤軍，途中還遭遇了風暴襲擊，損失嚴重。

經過這一次較量，雙方彼此領教了對方的厲害。

西元1281年，忽必烈已經統一了中國，放手第二次入侵日本。

此次共有大小船舶近五千艘，軍隊約二十萬，蒙古人四萬五千，高麗人五萬多，漢人約十萬，其中漢人大半為新附軍（收編的南宋軍），陣容龐大，從江浙和朝鮮同時出發。

日本早早收到了風聲，做了充分的迎戰準備，在博多灣沿海構築了一道石牆，用以阻礙蒙古騎兵。

元軍於六月上旬登陸作戰，受阻於石牆之外，多次進攻均無法突破。

石牆之外，幫了日本大忙的還是海上颶風。

八月一日，太平洋上突然颳起了猛烈的颶風，元軍南方艦隊的艦船基本被毀，北方艦隊的艦船也損失大半。

四天的大風暴過後，北方艦隊剩餘的艦船搭載指揮官以及部分蒙古軍和高麗軍逃離戰場駛返高麗。南方軍的指揮官和部分高級官員也丟下了大部隊，乘坐殘存的幾艘船逃離。

這麼一來，駐紮在九龍山海灘上的近十萬元軍進退失據，

成了任由日本人宰割的對象。

日本人經過一番瘋狂屠戮，俘獲了兩萬多人。

不難看出，這次是颶風幫了日本人的大忙。

日本人知恩圖報，從此稱颶風為「神風」。蒙軍連遭兩次慘敗，不再敢起遠征日本之念。

此國原屬中國，忽必烈征討折戟，到明朝才被收回成中國省分

說起越南，其實最早的時候，是中國的一部分。

在越南人的神話傳說裡，越南第一個王朝鴻龐氏王朝的君主就是神農氏的後代。

神農氏是誰？

在中國神話傳說裡，神農氏是和有巢氏、燧人氏、伏羲氏、女媧氏並列的五氏之一，是中華民族之祖、農業之祖、醫藥之祖、商貿之祖、音樂之祖等，對中華文明有不可磨滅的重大貢獻。後世也因此將他尊稱為「三皇」之一。

歷史學家都認為，越南的龐氏王朝其實並不存在，只是神話傳說。但越南人編個神話故事也要認中國祖先神農氏為祖先，則越南的屬性和來源可想而知。

事實上，秦始皇在統一六國後，就曾在廣西設定了一個象

第二章　一統天下：元朝的建立

郡，越南北部就歸屬於象郡。

秦末天下大亂，秦朝的南海尉趙佗自立稱南越武王，建南越國。越南的中北部成為南越國的一部分。

西元前111年，漢武帝平滅了南越國，在越南北部和中部設立了交趾、九真、日南三郡。在之後長達一千多年的時間裡，越南中北部一直是中國各朝代包括漢朝、東吳、晉朝、南朝、隋朝、唐朝的直屬領土。

只不過唐王朝崩潰後，中國進入五代十國亂世，越南趁亂擺脫了中國的控制。

雖說是擺脫了中國的控制，但越南並未脫離中華文化影響，仍是使用漢字，採用古代中國的政治制度，建立了一連串封建王朝。

在越南鬧獨立的日子裡，中國政府並不是沒有想過將它收回，但越南地處北回歸線以南，高溫多雨，屬熱帶季風氣候，雨林茂密，其國民風剽悍好戰，貿然發兵攻打耗費巨大。而越南統治者每意識到中國政府有動武意圖，便溫順乖巧地進貢表示臣服，因此，收復戰爭始終沒有打起來。

在中國的宋朝階段，越南統治者接受宋朝冊封的交趾郡王稱號，以宋朝藩屬國自居。

值得一提的是，接連滅西夏、金和南宋的蒙古草原大軍，他們以征服為生命的主要目標，幾乎是在整個歐亞大陸上所向

無敵,可是,三次進攻越南全都以失敗告終。元朝不得不接受越南的朝貢修好,承認其藩屬國的地位。

越南人能挫敗蒙古強敵,應該是讓人尊敬的。但越南人卻因此盲目地膨脹起來,以至今天還有越南人聲稱:「正是越南人的勝利,阻止了蒙古人占領全球的陰謀。」

元末明初,越南人又趁著中原大亂,在中國邊境燒殺搶掠,並且有割據中原的野心。

朱元璋正忙著驅逐蒙元殘餘勢力,沒空理會。越南人就愈加狂妄,愈加可勁地鬧騰。

不過,越南很快就出現了內亂。

有一個叫胡季犛的人,是越南統治者陳朝君主的外戚,他將陳氏家族幾乎斬盡殺絕,扶持一個傀儡皇帝登基,自己把持朝政。

到後來,胡季犛玩得差不多了,就把傀儡國王殺了,自己登基。

陳朝遺臣嚮明朝永樂大帝明成祖朱棣哭訴,請求明朝主持公道。

朱棣立刻派使者斥責胡季犛,要他還政於陳氏。

胡季犛表現得很聽話,表示願意將大權奉還。

朱棣於是派五千人護送陳氏遺孤陳天平回國接政。

哪料,胡季犛嘴裡說的是一套,做的又是一套,他埋伏

第二章　一統天下：元朝的建立

了十萬兵力包了五千明軍的轎子，並當著明軍的面殺死了陳天平。

太歲頭上動土，真是活得不耐煩了！

朱棣一怒之下，點起三十萬人馬分頭從廣西、雲南進軍。

明軍一出手，就把胡季犛打回原形。

很快，明軍就收復了越南，設郡縣、置交趾承宣布政使司，把越南納入大明版圖，進行直接統治。

不過在明成祖死後數年，黎利發動藍山起義將明軍驅逐出越南，在承諾維持與明朝的宗藩關係之後，恢復了獨立，建立了後黎朝。

忽必烈打造了千人共飲大酒甕，該甕卻曾淪落為鹹菜缸

現在，承光殿前有一座藍色琉璃瓦的石亭，此亭名為玉甕亭，亭中有漢白玉石座，座上安放著一件碩大的玉雕作品。

每天無數遊客來來往往，如果沒有導遊的介紹，相信很多人不會感覺得出這件玉雕作品的奇異之處，甚至感覺不出它是一件玉器，畢竟那黑漆漆的顏色太不起眼了。

而當有人說，這件玉雕作品是無價之寶，於 2012 年被評為九大鎮國重寶之一，很多人會感到不可思議。既然是鎮國重

寶，怎麼就這麼隨隨便便地放在這個四面通風的亭子裡呢？難道就不怕賊惦記？不怕風侵雨蝕？

別急，只要您了解過這件寶物的製作歷史、功能、效能，以及它所經歷過的故事，前面這些疑問就會一掃而空。

這件寶物的名字叫「瀆山大玉海」，其腹內刻有清代乾隆皇帝的御詩三首及序文。

序文說：「玉有白章，隨其形刻魚獸出沒於波濤之狀，大可貯酒三十餘石，蓋金元舊物也。曾置萬歲山廣寒殿內，後在西華門外真武廟中，道人做菜甕，見《輟耕錄》及《金鰲退食筆記》，命以千金易之。仍置承光殿中，而繫以詩。」

這段話的意思是：寶物是由黑底上面帶有白色花紋的玉製成，雕刻匠因地制宜、因料刻形，雕刻出各式各樣的魚獸出沒於波濤之中，容積可盛裝酒液三十餘石，屬於元朝舊物，曾安置在萬歲山廣寒殿內，後轉移到西華門外真武廟中，被無知的道人當作菜甕來使用，《輟耕錄》及《金鰲退食筆記》等書均有記載。我命人用千兩黃金作為交換，安置於承光殿中。

至於為什麼叫「瀆山大玉海」，乾隆皇帝也做了解釋：瀆山最初是放置在萬歲山的，因為萬歲山四面環水，故別稱為「瀆山」。

但是，萬歲山雖然在歷史上出現過不同的稱謂，卻從未被稱作過「瀆山」，即乾隆所說也只是一家之言，未必準確。

第二章　一統天下：元朝的建立

那麼，乾隆說這寶物可貯酒三十餘石、屬元朝舊物，又是否可靠呢？

《元史・世祖本紀》有明確記載：「至元二年（1265年）十二月，瀆山大玉海成，敕置廣寒殿。」

必須說明一下，元朝是由蒙古族建立的，在國號定為元之前，稱為蒙古帝國，而蒙古帝國是由一代天驕成吉思汗於西元1206年建立的。後來改國號為元的是成吉思汗的孫子忽必烈，其於西元1260年即位大汗，西元1271年建立元朝，國號大元，忽必烈即被視為元朝的開國皇帝。

忽必烈氣魄雄大、志吞四海，其於西元1279年滅南宋，帝國疆域北到西伯利亞南部，越過貝加爾湖，南到南海，西南包括今西藏、雲南，西北至今新疆東部，東北至外興安嶺、鄂霍次克海、日本海，包括庫頁島，總面積超過一千二百萬平方千公尺。

製作瀆山大玉海的初衷，就是用來盛酒、犒賞三軍將士的。

元世祖忽必烈入主中原後，興建大都，以金代的瓊華島為中心，將瓊華島改名萬歲山，於山的最高處建起廣寒殿（約在北海白塔的位置）。

他準備在廣寒殿大宴群臣，為此，命數十名工匠花了五年時間將一塊整玉雕成一巨大酒甕，甕重達七千斤，可盛酒三十石，氣勢磅礴，一意彰顯元初版圖之遼闊、國力之強盛。

三十餘石酒，大約相當於三千六百瓶一斤裝的酒！

即一甕酒就可供幾千人同時享用，這氣勢可謂震古爍今！

「人生百年常在醉，算來三萬六千場」，真是豪邁至極，也奢靡至極。

奢靡豪邁的蒙元帝國長醉百年，其主宰中原的歷史從頭至尾，也不過堪堪百年，最後慘遭雄主朱元璋驅逐，退回漠北。

作為教育國人奢侈亡國的鮮活例證，廣寒殿和大玉海都被朱元璋保留了下來。

朱元璋倡導勤儉治國，則用來貯酒的大玉海就一無用處，漸漸被人們所遺忘。

兩百多年後，即萬曆七年（1579年），廣寒殿發生火災，整座宮殿化為焦土。

製作材質為玉石的大玉海，自然水火不侵，被搬到了皇家的御用監。

不過，時至今日，我們還可以在「瀆山大玉海」的表面上看到許多被大火燒過之後留下的斑駁黑點。

御用監是專門製作宮廷器玩的地方，監內有一座真武廟。

明亡清興，御用監被廢掉，真武廟卻還保留著，大玉海就一直安放在真武廟的殿前。

後世道人不知這狼耗大傢伙的來歷和用途，覺得它閒著也是閒著，不如用來醃製鹹菜。

第二章　一統天下：元朝的建立

於是，舉世無雙的皇家寶物淪落成了一個鹹菜缸！

清康熙五十年（1711年），朝廷重修真武廟，輔臣高士奇驚奇地發現了這一珍寶，稟報康熙帝。

鑑於這一寶物太過笨重，又並無別的用途，康熙只是命人將之移到廟內的大士像前，平反其鹹菜缸的身分，尊為鎮廟重器，僅此而已。

廟中道人根據鹹菜缸的大缽形象，親切地稱其為大玉缽。

真武廟從此也被改名為玉缽庵。

二十四年後，清朝執政時間最長的皇帝清高宗乾隆帝即位。

乾隆帝是個純粹的文物愛好者，心思與其祖康熙不同，他於乾隆十年（1745年）知道玉缽庵有這樣一件蓋世大寶貝後，「命以千金」將之從庵中贖出，置今北海團城承光殿的玉甕亭中。

寶貝入亭之日，乾隆詩興大發，在玉海腹內碾刻了自賦「玉甕歌」三首。

四十多位臣下，誠惶誠恐，趕緊奉和賦詩。

大臣詩作，全刻在玉海外的亭柱上。

不管乾隆和其臣下的詩作寫得如何天花亂墜，瀆山大玉海仍只是以其古樸、笨重的面目示人，不為外人所注目。

正因如此，八國聯軍入侵北京、日本侵占華北，古樸、笨

重的瀆山大玉海騙過了侵略者的眼睛,成功地躲過了劫難。

那麼,這一大塊古樸、笨重的玉石,到底屬於什麼品種呢?

2004年珠寶聯合會召集二十多位專家組成一個鑑定委員會,破解這一個長達七百多年的謎團,揭開瀆山大玉海玉質的神祕面紗。

鑑定會上,聯合會會長、著名寶玉石專家提出「大玉海是獨山玉作品,南陽獨山玉的礦物岩石成分為黝簾石化斜長石,獨山玉在仰韶文化遺址中即有出土,距今約有六千年」。

專家們對大玉海仔細觀察研究,再與南陽方面拿出的七八塊標本反覆比對,認為元代製作瀆山大玉海所用玉材與獨山玉相同,最後一致認定瀆山大玉海是由獨山玉製成的。七百多年的謎團解開了。

鑑定結果被媒體公之於世,「瀆山」一詞也得出了新解:「瀆山」二字,通假「獨山」。獨山玉,又稱獨玉、南陽玉,是中國獨有的玉種。

第二章　一統天下：元朝的建立

第三章
皇權交替：
元朝歷代帝王

第三章　皇權交替：元朝歷代帝王

真金太子幕後操作，計除大奸臣阿合馬

　　在中國古代歷史上，元朝和清朝是兩個比較特殊的大一統王朝。

　　這兩個王朝，都是由漢族以外的少數民族建立的。

　　這兩個少數民族從關外入侵，最後都定都於現在的北京——定都於北京的原因有很多，但其中一個原因比較明顯，北京是關內最北的城市。

　　這麼說，大家可能已經料到我想說什麼了。

　　這兩個來自關外的民族都耐寒不耐熱，不能適應於居住在更南方的城市。

　　就算已是在北京定都，每年到了夏天，王公貴族們還是要像候鳥一樣，遷徙到更北一些的地方去避暑。

　　這不，西元 1282 年三月，春天還沒結束，夏天這才剛剛露了個頭，已經在關內生活和活動了三十年的元世祖忽必烈，還是畏懼於酷暑的威力，早早攜帶著四十歲的皇太子真金來到上都（今內蒙古自治區錫林郭勒盟正藍旗境內）避暑。

　　三月十七日夜裡，元世祖摟紅擁翠，盡情地享用著羊肉和美酒，極盡人間快事。

　　他不知道，都城北京發生了一起震驚朝野的流血事件——他最寵愛的大臣，中書省左丞相阿合馬被人用銅錘擊

碎腦袋，永遠地告別了這個世界。

第二天凌晨，元世祖被人從美夢中叫醒，聽說了這一噩耗，鬍子一下子就翹了起來，大發雷霆之怒，一連串地說：趕快偵破此案，將凶手碎屍萬段！

元世祖如此震怒的原因有兩個：第一，阿合馬是自己得力的肱股大臣，殺他就等於是要搞垮大元江山；第二，京師乃是首善之地，凶手敢在京師行凶，這是赤裸裸地挑釁大元政府，是可忍，孰不可忍！

那麼，阿合馬的重要性主要展現在哪些方面呢？元世祖為什麼把殺阿合馬視同於要搞垮大元江山呢？

這裡簡略說說阿合馬其人其事。

阿合馬是費納喀忒（今烏茲別克境內）人，出身很低，是察必皇后的陪嫁奴隸。

但阿合馬很有才，他讀書不多，卻是個天生理財高手——清點和安排各項帳務，不但井然有序，而且運用巧妙，每一筆都支派得恰到好處，常常會造成一分錢當成兩分錢用的奇異效果。

因此，阿合馬很快就進入了忽必烈的視線，並得到了重用。

中統二年（1261年），阿合馬出任上都同知。三年，領中書左右部，兼都轉運使。至元元年（1264年），拜中書平章政

第三章　皇權交替：元朝歷代帝王

事，主要掌理財政。

理財之外，阿合馬的另一項技能——辯才，也讓忽必烈大為讚賞。

丞相線真、史天澤等人看見阿合馬在朝中走紅，獨攬大權，非常不爽，屢次針對他。但阿合馬公開回嘴這些人，總是有理有據，讓這些人辭窮理屈，最終啞口無言。

也正因為這樣，阿合馬越來越目中無人，除了忽必烈，任何人都不放在眼裡，瘋狂斂財、斂色，瘋狂攬權、攬政，所樹仇敵就越來越多。

衛士秦長卿看不慣阿合馬的德性，上書直言，請求忽必烈誅殺阿合馬。

忽必烈正要依靠阿合馬把國家搞富，怎麼捨得？

這一來，極大地助長了阿合馬的囂張氣焰，他隨便捏了個罪名，將秦長卿下獄，並指使獄吏「濡紙塞其口鼻」，活活將之悶殺。

另一個漢臣崔斌因彈劾阿合馬賣官鬻職，也被阿合馬捉起來，割頸放血。

……

阿合馬罪行累累，他被人刺殺的結局，應該是可以預見的。

殺害阿合馬的人是益都（今山東省青州市）千戶王著、妖

僧高和尚。

　　王著在殺害阿合馬後主動投案，爽快招供，說自己向來疾惡如仇，不能容忍阿合馬倒行逆施、荼毒天下蒼生，所以事先讓人鑄造了一個大銅錐，發誓有一天要用它來擊碎阿合馬的腦袋。趁著這年三月大皇帝和太子離京避暑，就和高和尚帶領了八十名死士，潛入京師，矯稱太子的命令，把阿合馬誆騙出府，一錘將之擊斃。

　　從察罕腦兒趕回到京城的忽必烈聽了王著的供詞，暴跳如雷，命人把王著、高和尚推上鬧市誅殺，並剁成肉醬。

　　王著臨刑前大喊道：「王著為天下除害，今死矣！異日必有為我書其事者！」

　　阿合馬在世時飛揚跋扈，有噬人的狠勁，他既然已死，就害不了人了。

　　平時怨恨他的人不斷把他的劣跡揭露出來，一項項羅列給忽必烈看。

　　其實，阿合馬的理財手段在粗豪漢子忽必烈眼中是如此高明，但都是漢人玩剩下的。

　　司馬光在反對王安石變法時，說過一句非常有名的話──「天下之財，不在官則在民，不在民則在官」。

　　阿合馬所謂把國家搞富，不過是與民爭利而已。

　　他的爭利手段也很老套，最明顯的是砍人三板斧。

第三章　皇權交替：元朝歷代帝王

第一板斧，搞官賣壟斷，對銀、鐵、鹽等實行壟斷權。同時，他巧立名目，增加各種稅目，任意提高稅金。

第二板斧，以反貪名義檢查清理政府財政收入，實際是敲詐斂財。

第三板斧，肆意發行紙幣。這是阿合馬的必殺技，一經祭出，就是金銀滾滾到手。別的不用說，單這三板斧，就足以弄得天怒人怨。

經過群臣的反覆講解，忽必烈終於弄清楚了阿合馬的種種邪惡，命人清查阿合馬的家底。

這一清查，不得了。

阿合馬家的金銀堆積如山，有小妻五十多人，侍妾四百多人，加起來將近五百人！

當然，這些並不足以觸動忽必烈的神經。

最讓忽必烈恨從心上生的事有四件：

一、阿合馬最寵幸的愛妾名叫引住，她房中私藏有兩張鞣製過的人皮，非常完整，「兩耳俱存」。據引住說：「詛咒時，置神座其上，應驗甚速。」

二、阿合馬收藏有兩幅帛畫，畫中「甲騎數重，圍守一幄殿，兵皆張弦挺刃內向，如擊刺之為者」，儼然是一幅弒君篡位的畫面。

三、有名叫曹震圭的人為阿合馬推算過生辰，妄言凶吉。

四、算卦人王臺判妄引圖讖，稱阿合馬有九五吉相。

忽必烈氣得暴跳，下令誅殺阿合馬的子姪，並處以剝皮酷刑，沒收全部財產。

雖然如此，忽必烈尚不足平息心頭之恨，又命人把阿合馬的屍體從墳墓中挖出，在通玄門外戮屍，縱放皇家獵狗群撲而上，把阿合馬屍身吃得一塊不剩。

這裡有一個問題，王著只是個中級軍官，他和阿合馬並無直接的矛盾衝突，單憑一句「為天下除害」而行此大險之事，很難讓人信服。而且，他遠在益州，應該對京城之事知曉不多，卻能假冒太子手下成功作案，那麼，刺殺阿合馬背後的真相，應該就是太子真金的指使。

真金信任漢臣，曾想設立門下省以箝制阿合馬集團，但遭到阿合馬集團的反擊，計畫落空。真金的親信廉希憲為此憂思成疾，一病不起，去世前一再叮囑真金務必剷除阿合馬，他說目前的情況是「大奸專政，群小阿附，誤國害民」。

不過，剷除掉阿合馬後，真金也因為禪位問題遭到了忽必烈的猜忌，從而憂懼成病，英年早逝，最終繼承了帝位的是他的兒子鐵穆耳，是為元成宗。

真金則被元成宗尊為元裕宗。

第三章　皇權交替：元朝歷代帝王

● 元成宗與八百媳婦國槓上了

元成宗孛兒只斤‧鐵穆耳是忽必烈建立元帝國後的第二任皇帝。

他的父親孛兒只斤‧真金早在至元十年（1273 年）就被忽必烈立為皇太子，本來應該做元帝國的第二任皇帝的。

但是，真金不能容忍左丞相阿合馬擅權，暗中定下密謀，由益州參將王著出手，將之擊殺。

然而，至元二十二年（1285 年），由盧世榮重新起用的阿合馬餘黨答即古阿散等人，找到了一個反擊真金的機會──此前南臺御史曾與真金有過進勸忽必烈禪位於皇太子之議，此事雖然沒有實施，但終究紙包不住火，被答即古阿散等人得知。

答即古阿散等人找了個機會，將此事上奏忽必烈。

忽必烈雖然已到古稀之年，聽此奏報，還是氣得渾身發抖，大發雷霆，下令嚴查。

幸虧，在丞相安童等人的積極活動下，大事化小，小事化無，但真金經此一嚇，憂懼成疾，於同年十二月去世，終年四十三歲。

按照漢人儒家的觀點，忽必烈應該選真金的長子甘麻剌作為嫡長孫，立他為皇太孫。

但別忘了，古代蒙古有一個繼承習俗，稱「幼子守灶」，即

幼子享有優先繼承遺產的權利。

事實也證明，忽必烈並沒有把甘麻刺當成接班人來培養的跡象。

反倒是至元三十年（1293年）六月，忽必烈授真金幼子鐵穆耳皇太子寶，派他鎮守蒙古汗國故都哈刺和林（今蒙古國後杭愛省額爾德尼召北），掌管北方防務。同時派開國四傑之一博爾朮之孫、御史大夫玉昔帖木兒做他的助手。

至元三十一年（1294年）正月二十二日，八十歲的元世祖忽必烈駕崩，鐵穆耳即繼位為帝，是為元成宗。

儘管元成宗追尊其父真金為皇帝，廟號裕宗，但他就是元朝事實上的第二任皇帝。

元成宗在位十三年，治國中規中矩，還算得上合格的守成之君。但是，在治國的晚年，卻做了一件糊塗事，不但導致個人威望大跌，也耗損了巨大的國力，為史家所詬病。

《元史・志第四十二・食貨一》中因此說：「成宗承天下混一之後，垂拱而治，可謂善於守成者矣。唯其末年，連歲寢疾，凡國家政事，內則決於宮壼，外則委於宰臣。」

這是一件什麼樣的糊塗事呢？

話說，大德四年（1300年），身居雲南的行省左丞劉深，不知哪根神經搭錯了線，竟然向成宗上奏道：「世祖以神武混一海內，功蓋萬世。皇帝繼位以來，未有武功以彰顯神武天

第三章　皇權交替：元朝歷代帝王

資，西南夷有八百媳婦國未奉大元正朔，請允許微臣我為陛下徵之。」

成宗做守成之君也做得有些厭倦了，他身上有著成吉思汗、忽必烈的血脈，也嚮往著開疆萬里，流芳百世。

劉深的上奏，一下子就搔到了癢處——人家世祖皇帝以神武混同宇內，功蓋萬世，您登位以來，還沒有以絲毫武功來彰顯您的神武天資，西南大山深處有八百媳婦國不聽話，不該拿它練練手嗎？

這裡簡單說一下，這個八百媳婦國是怎麼回事。

它其實是泰國歷史上的一個曾經控制泰北地區的王國，也是泰族早期的一個強大的政權，泰文為，音譯為「蘭納」或「蘭納泰」，所轄地區包括今在泰國北部的清萊府、清邁府、南奔府、南邦府、帕堯府、難府、帕府、夜豐頌府及寮國的沙耶武里省。

這個王國，中國有些史書也譯為「勐庸」，意即庸國、庸地。

也不知怎麼搞的，劉深把它稱為「八百媳婦國」，致使後世一些史學家莫名其妙，如近代人柯劭忞在其所編的《新元史》中理解為：「八百媳婦者，夷名景邁，世傳其長，有妻八百，各領一寨，故名。」

「有妻八百，各領一寨」其實只是一種顧名思義的想當然的

想法，事實是否如此，已不得而知。

反正，到了明朝，這「八百媳婦國」就被改譯為「八百大甸國」。

元成宗以為，八百媳婦國不過是個蕞爾小國，正好拿捏它玩玩。

於是，大德五年（1301 年）正月，發鈔近十萬錠，以作為軍費支持用兵。

劉深得了元成宗的支持，手舞足蹈，樂呵呵地率領大軍自雲南出發，直撲泰北地區。

劉深會如期取得勝利嗎？

其實，殷鑑不遠，這之前，元世祖忽必烈遠征安南的教訓就在眼前。

先不說對方憑藉山高溝深，占盡地利之便，單說這西南熱帶叢林中的瘴氣和蛇蟲，就不容易對付。

可不是嗎？史稱，劉深「取道順元，遠冒煙瘴，未戰，士卒死者已十七八」。

真是可憐，連對方軍隊的影子都沒見到，元軍已因疾疫和行軍危路傷病減員嚴重，死掉百分之七八十。

另外，劉深又驅趕民夫在叢林中運糧，「死者亦數十萬人」，一時間中外騷然。葛蠻（今仡佬族先民）土官宋隆濟、水西（今貴州西北部）土官之妻蛇節不忍其擾，聯手起兵反元，

第三章　皇權交替：元朝歷代帝王

一直攻到貴州，殺掉了元朝貴州知州，並把劉深所率元軍包圍於深山窮谷之間。

劉深在荒山野嶺裡亂撞亂走，總算逃了回來，但沿途被宋隆濟所率的土蠻軍一路邀擊，「士卒傷殆盡」。

敗訊傳回京師，舉朝震駭。

南臺御史中丞陳天祥上書痛陳南征八百媳婦國之失，稱：「八百媳婦乃荒裔小夷，取之不足以為利，不取不足以為害。」他痛斥「劉深欺上罔下」、「喪師十八九，棄地千餘里」。

元成宗羞愧難當，但宋隆濟和蛇節等人發起叛亂，已勢成騎虎，不得不另派出劉國傑及也先忽都魯等良將率軍前往鎮壓。

還好，劉國傑和也先忽都魯不負所望，迫降了蛇節、誘殺了宋隆濟，平息了叛亂。

但這麼一來，因為征討八百媳婦國，元軍弄得雞飛蛋打、損失慘重。

元成宗也因此不敢再對西南用兵，回頭誅殺了劉深，鞭打合剌帶、鄭祐等人，從而引發大清洗中書省的事件。

此事，被看成是成宗後期朝廷更政的一個象徵。

這之後，沒幾年，即西元1307年，元成宗便得病死了，時年四十二歲。

元仁宗的廟號為「仁」，
跟他的一項舉措密不可分

　　元仁宗愛育黎拔力八達原本是與帝位無緣的，但陰差陽錯，不但坐上了帝位，還成了有元一代最著名的仁君、明君。

　　此話怎麼說呢？

　　話說，元朝第二代皇帝元成宗在大德九年（1305年）曾立第一任皇后失憐答里所生的嫡子德壽為皇太子，但這位太子德壽福薄，在這年十二月就病逝了。

　　元成宗本人也於這年十月患病，不能視朝，由皇后執政，朝中大事委於右丞相哈剌答孫。

　　元成宗在病榻上頑強掙扎到大德十一年（1307年）正月初八，最終還是頭也不回地奔陰曹地府而去，享年四十二歲。

　　皇后卜魯罕在執政期間，已與左丞相阿忽臺及中書省、樞密院裡的許多大臣深相結納，她打算倚重忽必烈的一個孫子，安西王阿難答來臨朝稱制。

　　阿難答正想以世祖嫡孫的身分爭奪皇位，因此和皇后卜魯罕一拍即合。

　　右丞相哈剌答孫祕密遣人通知在漠北的海山和在懷州（今河南沁陽）的愛育黎拔力八達兄弟兩人。

　　海山和愛育黎拔力八達應該比阿難答更具備繼承帝位的資

第三章　皇權交替：元朝歷代帝王

格——忽必烈在至元十年（1273 年）立兒子真金為皇太子，真金共有三個兒子，長子甘麻剌、次子答剌麻八剌、三子就是元成宗鐵穆耳，而海山和愛育黎拔力八達是答剌麻八剌的兒子。

海山和愛育黎拔力八達兄弟各有特點。

海山長期總兵北邊，很得在漠北作戰過的諸王將領的擁護；愛育黎拔力八達雅重儒術，身邊聚集著一批漢人士大夫或傾心漢文化的蒙古、色目侍臣。

相較而言，愛育黎拔力八達路近，而海山路遠，所以，愛育黎拔力八達搶先趕回京城，率衛軍闖入皇宮，捕殺了阿難答、阿忽臺等人。

諸王闊闊出、牙忽都等擁愛育黎拔力八達即皇位，但宅心仁厚的愛育黎拔力八達只以監國之名義執掌朝政，另派使者奉玉璽前去邊境迎接海山。

那邊海山接到哈剌答孫的密報，也立即率軍自金山前線東返至和林，召集嶺北諸王勳戚大會，誅殺了與阿難答通謀的合赤溫後王也只里，率大軍風雨兼程直奔京城。

回到京城後，海山迅速登位，改元「至大」，是為元武宗。

武宗感激弟弟義讓帝位給自己，詔其為「皇太子」兼領中書令，確定了他的皇位繼承權資格。

武宗在位不足四年，卻實施了許多改革。

他非常慷慨，大範圍封官賞賜，在中書省外另立尚書省，

興建中都，推行理財政策，發行「至大銀鈔」和「至大通寶」，強化海運、增課賦稅……

這些改革有好的，有壞的，但好的還沒展示出其應有的好，壞的也沒有完全呈現其敗，元武宗就死了，享年僅三十一歲。

元仁宗愛育黎拔力八達一繼位，就全盤推翻了武宗的改革措施。

補一句，元仁宗雖然仁，但也不至於仁到沒有底線。

他之前和兄長的約定是：兄終弟及，叔死姪繼。

即兄長死了，由他來繼位；而等他要死了，就由兄長的兒子來繼位。

元武宗死前，其寵臣三寶奴、親信太監李邦寧都曾苦苦勸他立自己的兒子為帝，但元武宗都不為所動。

但是，元仁宗繼位後，立刻殺掉了三寶奴，並逼走了姪兒和世，立自己的兒子碩德八剌為皇太子。

這使得若干年後，元武宗的兩個兒子和世、圖帖睦爾回來爭奪皇位。

話說元仁宗在東宮時，就得漢儒王約用心輔導，登位後，在王約的指點下，成了一代仁君。

四庫全書《御批續資治通鑑綱目》卷二十四感嘆說：「仁宗之善政屢見於史冊者，謂非王約輔導於其始可乎。」

第三章　皇權交替：元朝歷代帝王

仁宗除了廢除武宗朝的一切改革，恢復原來的中書省，整頓朝政，懲治地方貪官汙吏外，推行「以儒治國」政策，做了許多可圈可點的善政。

其中最受人稱道的就是恢復中斷了四十多年的科舉考試。

早在元世祖至元四年（1267 年）九月，翰林學士王鶚就請行選舉法。元世祖下詔中書省與翰林院商議選舉流程，到了至元二十一年（1284 年），已經議定了科舉制度為罷免詩賦、重視經學，但隨著元世祖駕崩，此議遭到了長時間的擱置。

元仁宗即位後，即在河南江北行省右丞王約的建議下，將「興科舉」、「著為令甲（法令的第一條）」。

皇慶二年（1313 年）農曆十一月十八日（1313 年 12 月 6 日），元仁宗下詔恢復科舉。

其詔書稱：「唯我祖宗，以神武定天下。世祖皇帝設官分職，徵用儒雅，崇學校為育材之地，議科舉為取士之方，規模宏遠矣。朕以眇躬，獲承丕祚，繼志述事，祖訓是式。若稽三代以來，取士各有科目，要其本末，舉人宜以德行為首，試藝則以經術為先，詞章次之，浮華過實，朕所不取。爰命中書，參酌古今，定其條制！」

這次恢復科舉，直到元亡，元朝舉行了十六次科舉考試（簡稱「元十六考」），漢族士人重獲正常的晉升途徑，民族矛盾有所緩和。

大元帝國諸帝相親相殺，無比血腥

嚴格來說，元史並不是蒙古史。

元史只是蒙古史的一部分，指的是從元世祖忽必烈開始到元順帝妥懽帖睦爾為結束的中國史。

即以忽必烈在西元 1271 年改國號為「大元」開始，到西元 1368 年元順帝逃離大都為止，元朝的時間長度只有九十七年。

讓人吃驚的是，這九十七年時間裡，有二十四年屬於忽必烈的統治時間；有三十六年屬於元順帝的統治時間，在剩下的三十七年時間裡，竟然出現有九位皇帝，平均每帝在位時間也就四年多一點，可謂更替頻繁，來也匆匆，去也匆匆。

為什麼會出現這種現象呢？

皇帝的壽命是一方面，但最主要的原因就是沒有制定一個明確的繼位制度，而丞相的權力又太大，有行廢立之事的能力。

元朝前期的幾任皇帝，如元成宗、元武宗、元仁宗，在政權接替上還算順利，但他們壽命不長，都是在四十歲上下離世。

這一點，包括元成宗的父親元裕宗、元武宗和元仁宗的父親元順宗、泰定帝的父親元顯宗，也都是在壯年突然暴病身亡。

第三章　皇權交替：元朝歷代帝王

究其原因，是這些來自大漠的漢子生性粗豪，過度沉迷於醇酒美婦之中，身體過早被掏空。

有逸史記元成宗少年時就嗜酒如命，以致身體肥胖，行動困難。他的爺爺忽必烈不得不派多名御醫監視他吃食喝酒。元成宗繼位後，非常自律，嚴格戒酒，再也沒喝一口。但他的身體在青少年時代已經垮掉，終不免早逝。

元仁宗不愛華服，不喜女色，史書對他的評價很高，說他「平居服御質素，澹然無慾，不事遊畋，不喜征伐，不崇貨利」，但他對美酒一項，則是沒有半點免疫力，每每鯨吞海飲，酒到杯乾，最後死於慢性酒精中毒。

不管怎麼說，以上幾位，沒有死於血光之災，不算橫死。

元仁宗下面這幾位，就多死於刀光劍影的奪位戰之中。

話說，元仁宗的帝位是元武宗傳給他的。

兄弟倆約得好好的，說這是兄終弟及、叔位姪繼——即哥哥元武宗把帝位傳給弟弟元仁宗，而元仁宗百年之後，可得把帝位傳回給元武宗的兒子。

但元仁宗食言了，即位後的第二年（延祐二年，1315 年）就封元武宗長子和世㻋為周王，讓他出兵雲南——這就等於是把姪子流放了。和世㻋不爽，走到延安，與關中的蒙古宗臣祕密聯絡，打算起兵攻打大都，奪回帝位。但他們很快自亂，和世㻋跑往察合台汗國的親戚也先不花處躲避去了。

和世既然自動消失，元仁宗便再無顧忌，大大方方地冊封自己的兒子碩德八剌為皇太子。

前面說了，元朝中間九位皇帝的平均在位時間只有四年多一點，元仁宗在位時間算比較長了，有九年，於西元1320年駕崩。十七歲的皇太子碩德八剌繼位，是為元英宗。

元英宗自幼學習漢儒典籍，登上帝位後，就釋出了〈振舉臺綱制〉，重用漢人儒臣，徵選人才，裁減冗官，精簡機構，行助役法，減輕徭役，英氣勃勃，如果不是在突如其來的「南坡之變」中喪命，其治國成就很有可能超過其父仁宗。

這「南坡之變」說的是西元1323年八月，元英宗與右丞相拜住自上都（今內蒙古正藍旗東）北返大都（今北京），途中駐營於南坡店（上都西南三十里）時，突然遇刺──英宗死時只有二十歲，在位四年。

刺殺元英宗的人是誰呢？

很多人都會想是元武宗的兒子和世。

老實說，元武宗的兒子和世也想殺元英宗，但這次刺殺計畫真與他無關。

和世對元仁宗、元英宗父子，只有奪位之恨；而參與這次刺殺計畫的人，卻與元仁宗有殺父之仇。

話說，元朝第二代皇帝元成宗當年駕崩，而他所立的皇太子德壽又已先於他病逝，皇后卜魯罕於是想立忽必烈的孫子安

第三章　皇權交替：元朝歷代帝王

　　西王阿難答來配合自己臨朝稱制。正是元仁宗趕回京城，率衛軍闖入皇宮，捕殺了阿難答，派使者奉玉璽前去邊境迎接兄長元武宗回來繼位，大元皇帝位才在他們兄弟間傳承下來。

　　時間不知不覺地過了十多年，很多人都快要遺忘阿難答這個冤死鬼了。

　　但阿難答的弟弟按梯不花和阿難答的兒子月魯鐵木兒時刻不能忘，他們勾結了御史大夫兼領皇帝貼身「左右阿速衛」的鐵失、知樞密院事也先鐵木兒、大司農失禿兒、前平章政事赤斤鐵木兒、鐵失親弟弟鎖南、樞密院副使阿散、衛士禿滿以及索羅、曲魯不花、兀魯思不花等幾個蒙古王爺，趁元英宗暫駐南坡行殿，刺殺了元英宗，發動了政變。

　　不過，月魯鐵木兒這一支離帝系太遠，而鐵失等人當年又參與過策劃趕走元武宗長子和世㻋的事，也不可能轉立元武宗的兒子來坐帝位。

　　因此，政變的結果是——擁立甘麻剌的長子晉王也孫鐵木兒。

　　甘麻剌是誰呢？

　　他是忽必烈的嫡孫、真金太子的嫡長子、元成宗的長兄。

　　也就是說，晉王也孫鐵木兒乃是忽必烈的嫡長曾孫。

　　就晉王也孫鐵木兒本人而言，「成宗、武宗、仁宗之立，咸與翊戴之謀，有盟書焉」，他對帝位是非常惦記的。

所以，當鐵失他們策劃這場政變時，晉王是非常欣喜的，而當刺殺元英宗成功後，他立刻在龍居河（今克魯倫河）宣布繼位，是為泰定帝。

泰定帝登帝位之初，先假模假樣地任命替自己送璽綬帶的也先帖木兒為中書右丞相，讓阿難答的兒子月魯鐵木兒襲封其被殺父親安西王王爵，任命鐵失為知樞密院事，其他人也各有封賞。但等帝位坐穩，就翻臉不認人，把鐵失和失禿兒等人殺了個精光，把月魯鐵木兒、按梯不花等參與政變的幾個蒙古宗王流放於海南、雲南等偏遠之地，以此向宗親和各個汗國撇清自己沒有參與弒帝行動。

泰定帝在位五年，「能知守祖宗之法以行，天下無事，號稱治平」，致和元年（1328年）夏，病死於上都，時年三十六歲。

泰定帝一崩，他身邊的丞相倒剌沙專權自用，過了一個多月仍然遲遲不立泰定帝的兒子即位。

別忘了，元朝實行的是兩都制，泰定帝在上都避暑，死在上都，作為帝國真正政治中心和政治樞紐的大都那邊，還有一大堆事。

留在大都的僉樞密院事燕鐵木兒是個不安心的主，他「實掌樞密符印」，有調動天下軍隊的大權，他很久之前是元武宗的心腹，聽說泰定帝崩了，既是心懷舊主，又是想居擁立大功，最主要的是不甘於屈於丞相倒剌沙之下為臣，就謀立元武

第三章　皇權交替：元朝歷代帝王

宗的兒子為帝。

元武宗並非只有和世㻋一個兒子──而且和世㻋遠居察合台汗國避禍，來不及了。

燕鐵木兒利用手中兵權，脅迫大都百官迎立元武宗之子懷王圖帖睦爾為帝──當時的懷王圖帖睦爾在江陵，比較近。

這樣，懷王圖帖睦爾即位了，是為元文宗。

遠在上都的倒剌沙這才如夢如醒，趕緊與皇后八不罕商量，立泰定帝的兒子、年方九歲的阿剌吉八為帝，改元天順，是為天順帝。

這樣，在致和元年九月這段時間裡，元朝同時出現了兩個皇帝。

這兩個皇帝都有蒙古宗王和軍隊支持，互不相讓，刀兵相見，直打得血流成河。

打了一個多月，終於分出了勝負：上都方面不敵，丞相倒剌沙「肉袒奉皇帝寶（印）請死」，全家慘遭處決。泰定帝的兒子天順帝與其母親則被祕密殺害。

因為泰定帝、天順帝父子死後沒得到元文宗承認，所以既無廟號也無諡號，後世就以他們的年號來稱呼他們。

回頭說一下，元文宗雖然在這場爭奪戰中取勝，心裡其實一直沒底。九月十三日，燕帖木兒勸他即位時，他心裡非常不安，推辭說：「我大兄（和世㻋）遠在朔漠，我哪敢紊亂帝位的繼

承順序呢！」

等到坐上了帝位，還是覺得不踏實，不斷對人說：「謹俟大兄之至，以遂朕固讓之心。」等除掉了倒剌沙和天順帝，也真的派人去迎接大哥回大都登基。

老實說，面對這種天上掉下來的大好事，和世是不大相信的，擔心裡面有什麼古怪。

朔漠諸王與他相處久了，都希望他真的能當上皇帝，都勸導和催促他上路。

經過好一番催促，和世總算提心吊膽地上路了。

所幸，他在路上見到的都是「諸王、舊臣爭先迎謁，所至成聚」的大好景象。

和世疑懼漸消，信心大增。

不過，為防萬一，他在回到和林時，先半路繼了帝位，是為元明宗。

研究元史的人，很多都會把元文宗迎哥哥元明宗回京登帝位的事與當年元仁宗迎哥哥元武宗回京稱帝的事來比較，這一比較，就會發現裡面是有些區別的。

首先，元仁宗、元武宗是同父同母的兄弟；而元文宗和元明宗卻是同父異母兄弟，親疏程度是不同的。

其次，元仁宗在迎哥哥元武宗回來時並未稱帝，只是以「監國」身分行使權力；而元文宗在迎元明宗回來時，已經把生

第三章　皇權交替：元朝歷代帝王

米煮成熟飯了，他已經是名副其實的皇帝了。

所以，元明宗回來之後，他和元文宗的關係，絕不可能如當年元仁宗、元武宗兄弟那麼友好。

實際上，該年八月四日，元文宗與元明宗兄弟倆在上都附近的王忽察都見面後，僅僅過了四天，一直活蹦亂跳且身強力壯的元明宗突然「暴崩」，時年二十九歲。

看來，還是不夠淡定，太過大意了。

元明宗一死，元文宗迅速在上都宣布覆位。

復位後的元文宗享位也只有四年多，西元 1332 年病死，死因同樣是酒色過度，年僅二十九歲。

不過，在這四年多時間裡，元文宗的文治還是可圈可點的，他召集量人才編修了長達八百八十卷的《經世大典》，保留了豐厚詳實的元代典章制度；並在京城建奎章閣，招納大批博學大儒，「日以祖宗明訓、古昔治亂得失陳說於前」；還大修孔廟，追封孔子各大弟子為公爵，是元代諸帝中漢化程度最深的。

元文宗崩，他的擁戴大功臣燕帖木兒原本要立元文宗的幼子燕帖古思繼位，但此前元文宗曾立長子阿剌忒納答剌為皇太子——阿剌忒納答剌剛當上皇太子就病死，元文宗的皇后不答失里迷信，認為自己的兒子不當有帝位，死活不同意幼子燕帖古思繼位。

燕帖木兒只好推立元明宗的小兒子、年方七歲的懿璘質班為帝，是為元寧宗。

　　也許皇后不答失里的判斷是對的，元明宗和元文宗這一系本來就不應該享有帝位，因為元寧宗登上帝位才兩個月就崩了。

　　不過，元明宗曾經是一個浪跡天涯、風霜江湖的人，他並不是只有元寧宗一個兒子。

　　元明宗當年起兵反元仁宗失敗，逃竄入漠北，娶了蒙古罕祿魯氏部的女兒邁來迪，生有一子，名妥懽帖睦爾。

　　妥懽帖睦爾當年隨父親元明宗回京，元明宗慘遭毒殺後，他被元文宗遠逐於高麗大青島，後又改徙至靜江（今廣西桂林）軟禁。

　　元寧宗死，帝位懸空，皇后不答失里不肯讓自己的幼子燕帖古思繼位，燕帖木兒只好派人到靜江迎妥懽帖睦爾回來繼位。

　　妥懽帖睦爾繼位後，一不小心，就成了元朝最後一個皇帝，當然，也是元朝在位時間最長的皇帝——元順帝。

　　「元順帝」，那是明太祖朱元璋幫他取的一個外號，是「稱讚」他在大明王朝興起之際「知順天命，退避而去」，他的廟號其實是「惠宗」。

第三章　皇權交替：元朝歷代帝王

■ 元順帝是宋恭帝的兒子？
　真有輪迴報應嗎？

　　透過禪讓改朝換代，卻又殘殺前朝君王的惡例始自南朝宋武帝劉裕。

　　說起來，為登上帝位，殘殺最多皇帝的人也是劉裕。

　　劉裕為東晉權臣時，就先後擒殺了偽楚桓玄、南燕慕容超、蜀國譙縱、後秦姚泓；等要篡位自立了，就殺晉安帝司馬德宗，立晉恭帝司馬德文繼位。等司馬德文禪位不足一年，又殺掉司馬德文以去心頭之患。

　　劉裕在有生之年，一共殺了六位皇帝，創歷史之最。

　　不過，劉裕殺東晉的皇帝殺得狠，自己的子孫也死得很慘，乾乾淨淨，一個不剩。

　　以後的各朝各代，有樣學樣，帝位一經禪讓，新朝皇帝必殺前朝皇帝。

　　如南朝宋劉準禪讓給蕭道成，南朝齊蕭寶融禪讓給蕭衍，南朝梁蕭方智禪讓給陳霸先，東魏元善見禪讓給高洋，西魏元廓禪讓給宇文覺，北周宇文衍禪讓給楊堅，隋楊侑禪讓給李淵等，無一能脫逃被殺噩運，所有的政權交替都在血光中完成。

　　隋恭帝楊侑禪位給唐高祖李淵，自知難逃一死，愴然發出「我何生於帝王家」之嘆。

貌似忠厚敦實的李淵嚴格遵守前朝遊戲規則，鴆殺了楊侑。

到了殘唐五代，朱溫屠唐，李淵的子孫一個個被人割喉放血，猶如殺雞宰鵝，慘不堪言。

當然，朱溫本人和他的子孫也難逃過歷史惡性循環，報應落在了子孫身上。

終止毒害前朝皇帝惡例的人是宋太祖趙匡胤。趙匡胤在一代雄主後周世宗柴榮死後，在陳橋驛自導自演了一場黃袍加身的兵變，奪了後周的天下，建立了北宋。

但趙匡胤對柴榮的後代非常寬容。

周世宗柴榮總共有七個兒子，其中越王柴宗誼、韓王柴宗醐和吳王柴宗誠早年被後漢隱帝劉承祐所殺。四子恭帝柴宗訓禪位後降封為鄭王，於北宋開寶六年（973年）病逝。曹王柴熙讓不知所終。紀王柴熙謹由北宋大將潘美收養。柴熙誨則被後周開國上將軍盧琰收養。

趙匡胤不但沒有加害柴榮的兒子，還專門在太廟裡立下誓碑，命令子孫為皇帝者，要優待前朝宗室之後裔，且不得濫殺士大夫與上書言事之人，否則天必討滅之。

從這一點來說，趙匡胤是極有帝王氣量的。

這也是為什麼《水滸傳》裡會塑造出持丹書鐵券的滄州橫海郡好漢小旋風柴榮這麼一號人物。

第三章　皇權交替：元朝歷代帝王

不過，宋太祖趙匡胤人雖好，他的弟弟宋太宗趙光義卻不是個東西。

民間猜測，宋太宗趙光義就是在燭影斧聲疑案中殺掉了哥哥趙匡胤，登上帝位的。

趙光義哄騙無知群眾，宣稱哥哥是自然死亡，死前有交代，訂有「兄終弟及」的繼承法則。

但是，他並沒有把帝位傳給弟弟趙廷美，也沒傳給趙匡胤的兒子，而是傳給了自己的兒子。

趙廷美和趙匡胤的兒子趙德昭、趙德芳都相繼神祕死亡。

趙光義殺害南唐後主的手法也特別殘忍，用的是毒藥千機散。

李後主死時，四肢抽搐蜷縮，最後縮成一個小圓球，痛苦萬分。

於是，百年之後，當「靖康之難」的大風暴捲來，人們都說這是一場報應。

趙光義的子孫基本被金國女真人一窩端掉，在北方黃龍府受盡蹂躪、折磨，生不如死。

當時，還有人說，金主吳乞買相貌與宋太祖出奇相似，金兵南下滅宋，是宋太祖轉世討債來了。

這也使得在臨安立國的趙光義之後宋高宗趙構心驚肉跳，坐立不安。

趙構沒有兒子，在選擇接班人問題上，他說，他做了一個夢，夢見宋太祖趙匡胤帶他到了萬歲殿，看到了當日燭光劍影的全部情景，並說：「你只有把王位傳給我的兒孫，國勢才可能有一線轉機。」

朝臣們經過千辛萬苦，找出了趙匡胤的七世孫趙慎。這樣，宋朝的國祚又回到了宋太祖趙匡胤這一脈當中。

奇怪的是，南宋被蒙元所亡，作為宋太祖趙匡胤這一脈的宋恭帝趙顯卻得到了元世祖忽必烈的優待，沒有陷入新舊王朝交替的惡性喋血中。

於是，有人說，這是由於趙匡胤當年優待柴榮子孫積下的厚德。

與之形成鮮明對比的是，大批屠殺北宋王室成員的金朝王室後裔，也被蒙兵大批屠殺，情形和北宋王室當年遭受的「靖康之難」差不多。

不過，最為詭譎的是，世間還有一個「元滅宋而終為宋所滅」的故事。

即宋恭帝在元朝生活得很好，還被元世祖忽必烈招為駙馬，將阿爾斯蘭汗的裔孫女罕祿魯公主相許配。

宋恭帝和罕祿魯公主婚後第二年生了長子普完。

儘管這樣，宋恭帝為了消除忽必烈對自己的戒心，主動請求剃度為僧，永脫塵世。忽必烈應允，「賜鈔百錠」，遣送他入吐

第三章　皇權交替：元朝歷代帝王

蕃（今西藏）。

宋恭帝入藏後，居住於薩迦大寺（位於今日喀則市薩迦縣城內），更名為合尊法師，號本波講師。

不久，宋恭帝又與罕祿魯公主奉詔遷居甘州山寺（今張掖大佛寺）。

甘州山寺原名迦葉寺，始建於西夏，又叫十字寺，俗稱大佛寺。據說，元世祖忽必烈的母親唆魯禾帖尼別乞太后就是在大佛寺生下忽必烈的。

元延祐七年（1320年），尚未登帝位的元明宗，時為周王的孛兒只斤和世㻋儉巡行至宋恭帝居住的甘州山寺，恰逢公主夜間生了一個兒子。元明宗無子，得此消息，認為是世祖轉世，當即收養此子，賜名妥懽帖睦爾。這個孩子就是後來元代最後一位皇帝元順帝。

明朝洪武間正和人余應（號虛庵）曾寫〈遺事歌〉一首詠此事，云：「皇宋第十六飛龍，元朝降封瀛國公。元君詔公尚公主……」

清人丁傳靖編輯的《宋人軼事彙編・少帝》卷中也記，有明朝才子俞應則曾為此寫有「雖因浪子失中國，世為君長傳無窮」詩句。意思是說，南宋王朝雖被西湖的薰風歌舞所斷送，宋恭帝趙㬎的後裔依然能得到天子之位（指元順帝）。而明成祖朱棣在得知俞應則的詩後，去觀看歷代帝王像，感慨道：「難

怪元順帝一點也不像元朝的歷代帝王,而酷似宋太祖。」

此外,除諸如《宋稗類鈔》(清初潘永因編)等明清稗史也都對此事有大致相近的記載外,《元史‧順帝紀》也載:「順帝名妥懽帖睦爾,明宗之長子,母姓罕祿魯氏,名邁來迪,郡王阿爾斯蘭之裔孫也。……及明帝北狩,過其地,納罕祿魯氏。延祐七年四月丙寅,生帝於北方。」、「言明宗在朔漠之時,素謂非其己子。」

《元史‧虞集傳》中也有提到:「明宗在日,素謂太子非其子,黜之江南。」

《續通鑑‧元紀二十四》亦歸錄其文字,載「明宗在日,素謂太子非其子,黜之江南」。

話說,將兒子送元明宗撫養後,西元 1323 年,宋恭帝死於甘州(今甘肅張掖),時年五十四歲。

再說回元順帝,元順帝是元朝的最後一位皇帝,也是元朝在位時間最長的皇帝,在位三十六年,荒淫無度,把元朝江山糟蹋得不成樣子。

西元 1368 年八月,當明朝軍隊逼近北京時,元順帝主動棄城北逃,兩年後(1370 年)病死於應昌府(今內蒙古自治區克什克騰旗西達來諾爾附近),時年五十一歲。

明太祖認為此人識趣,能順應天命,不拚死固守,遂諡號「順帝」。

第三章　皇權交替：元朝歷代帝王

　　不過，說元順帝是宋恭帝的兒子還多少讓人難以置信，要說「元滅宋而終為宋所滅」，我們寧願相信元朝是亡於高喊「山河奄有中華地，日月重開大宋天」的元末大起義。這其中，號稱宋徽宗九世孫，稱小明王、建國大宋的韓林兒所發揮作用最大。

第四章
風起雲湧：
元代的社會樣貌

第四章　風起雲湧：元代的社會樣貌

▍長埋地下的婚書，反映了蒙古、色目及漢人的真實生活現狀

在內蒙古自治區額濟納旗達來呼布鎮東南二十五公里處，有一座古城遺址。

該城建於西元 9 世紀的西夏政權時期，於西元 1226 年被成吉思汗蒙古軍攻占。

西元 1286 年，元世祖忽必烈在此設「亦集乃路總管府」，從此成了中原到漠北的交通樞紐。

馬可・波羅（Marco Polo）在走向心中的「東方天堂」的過程中，曾經在這裡停留過。

西元 1372 年，明朝征西將軍馮勝帶兵討伐元朝殘軍，攻至此城，使河流改道、城內水源斷絕。

此城也就成了元朝最後一座被攻下的城池。

隨後，馮勝下令廢棄該城，強迫居民遷徙。

長年累月，風沙最終吞噬了廢城。

西元 1983 年，文物考古研究專家率領團隊全面而系統地考古發掘該城，得出了不少重要成果，揭示了許多掩埋在歷史塵埃中鮮為人知的祕密。

其中，在總管府檔案室的房址內出土了大量元代官方文書和私人文書。

這些文書中，有許多契約文書，涉及婚姻、借貸、僱傭、買賣等諸多方面，為元史研究提供了新資料，具有很高的學術價值。

有一件較為完整的合約婚書，特別令人注目。全文如下：

立合約大吉婚書文字人，領北傀列地面，係太子位下所管軍戶脫歡等。今為差發重伸，軍情未定，上馬不止，身纏厥少，無可打兌照期。今有弟脫火赤，軍上因病身故，拋下伊妻巴都麻，自為隻身，難以獨居住坐，日每無甚養濟。

今憑媒證人帖哥做媒，說合於亦集乃路屯田張千戶所管納糧軍戶吳子忠家內，存日從良戶下當差吳哈厘，拋下長男一名喚哈立巴臺，說合作為證妻。對眾眷言定財錢市門，內白米一石、小麥一石、大麥一石、羊酒筵席盡行下足。

脫歡一面收受了，當擇定良辰吉日，迎娶到家，成親之後，並不欠少分文不盡錢財。如有脫歡將弟妻巴都麻改嫁中，內別有不盡言詞，前夫未曾身故慢妹改嫁，一切為礙，並不干吳子忠之事，係脫歡等一面證人無頭詞。如哈立巴臺將伊妻不作妻室臺舉，罰小麥一石，如巴都麻不受使用，非理作事，正主婚人罰白米一石，充官用度。恐後無憑，故立大吉合約婚書文字為用。

至正廿五年十一月初七日。

正主婚人脫歡。

副主婚人巴都麻。

第四章　風起雲湧：元代的社會樣貌

取吉大利，同主婚人塔義兒。

知見人李住哥，同主婚人帖木兒。

透過這份文字拙劣的婚書，我們可以還原出事件原貌。

原本，元朝《通制條格》「戶令婚姻禮制」對婚姻有明確法律規定：人倫之道，婚姻為大，但為婚姻，須立婚書，免得爭訟；蒙古人不受此限，可以不立婚書；色目人自相婚姻可以從本族風俗。

但是，婚書出現的脫歡、脫火赤、巴都麻、張千戶、吳子忠、吳哈厘、哈立巴臺七人，前面的三人是蒙古人（現在的蒙古族人中，還有很多人起與這三人相類似的名字，其中的巴都麻之意為「蓮花」）；中間兩人為漢人，後面兩人為色目人。

可見，在實際生活中，蒙古人和色目人為了減少糾紛，也往往訂立婚書。

三個蒙古人是嶺北哈喇和林地方人（「領北傀列地面」），他們的關係是：脫歡是脫火赤的哥哥；巴都麻是脫火赤的妻子。

脫歡和脫火赤都是太子愛猷識理達臘位下軍戶（「係太子位下所管軍戶」）。

脫火赤因病死亡，拋下了妻子巴都麻。

婚書訂立於至正二十五年（1365 年），這一年，農民起義的戰火燃遍大半個中國。皇太子愛猷識理達臘率領軍隊平亂，而身為皇太子位下軍戶，脫歡在「差發重仲，軍情未定」的情況

下,要隨時聽從命令上馬出征。

按照蒙古軍隊的慣例,軍人出征打仗的軍馬、盔甲、武器、口糧等一應盤纏全要自己準備。

脫歡家中困難,一方面,出征的「盤纏厥少」;另一方面,弟弟脫火赤病故後,弟媳巴都麻「自為隻身,難以獨居住坐,日每無甚養濟」。

所以,脫歡想到了一條兩全其美的辦法:將弟媳巴都麻改嫁他人,既可以讓她有一個安身立命之所,也可以換點彩禮錢,作為自己隨軍出征的盤纏。

脫歡所在的哈喇和林是蒙古帝國的第一個都城,地處漠北;而亦集乃路地處漠南。

根據《馬可‧波羅遊記》裡面的記載,二者間有四十天路程,中間要穿過荒涼的大沙漠。

也不知中間有哪些曲折的經歷,巴都麻最終被丈夫的哥哥脫歡帶著從漠北走到漠南,改嫁給了素不相識的哈立巴臺。

哈立巴臺的父親叫吳哈厘,原本是亦集乃路屯田張千戶所管納糧軍戶吳子忠家的奴隸 —— 他的名字裡的「吳」字乃是主人的姓,後來「從良」,即改變了奴隸身分,成為與其他百姓一樣具有自由的普通平民(良民),則他的兒子哈立巴臺就去掉了「吳」字。

張千戶和吳子忠的名字明顯屬於漢人。

第四章　風起雲湧：元代的社會樣貌

而由身分結合名字看，吳哈厘和哈立巴臺應該是西夏遺留在亦集乃路或者是蒙古大軍征服西夏首都等地俘虜的党項人的後裔，屬色目人。

我們知道，元朝政策的制定偏向蒙古人和色目人，漢人和南人在法律上受到不平等的待遇。

但是，從這份婚書裡，我們卻看到，蒙古人脫歡一家生活難以為繼；而色目人吳哈厘曾在漢人張千戶手下的另一個漢人吳子忠家當奴隸。雖說吳哈厘後來改變了奴隸身分，但仍在吳子忠家「當差」，經濟狀況並未有很大的改善。

也正是這個原因，吳哈厘死後，「拋下長男」哈立巴臺一直娶不到老婆，最終不得不付出三石糧食（「白米一石、小麥一石、大麥一石」）的代價，娶一個素不相識的寡婦。

有意思的是，這份婚書還寫明了婚姻一旦出現意外情況，相關人員應該承擔的責任。如哈立巴臺婚後對妻子不好，「不作妻室臺舉，罰小麥一石」「如巴都麻不受使用，非理作事，正主婚人罰白米一石，充官用度」等等。

總之，這是一份婚姻契約文書，真實地反映了平民階層中的蒙古人、漢人和色目人在現實生活中的社會境況，展現出元朝末年經濟凋敝、社會動盪、人心浮動的大時代背景。

埋藏於地下的元代婚姻愛情故事，情節堪比三言二拍

「三言二拍」是明代五本著名傳奇小說集的合稱，包括馮夢龍創作的《喻世明言》、《警世通言》和《醒世恆言》以及凌濛初創作的《初刻拍案驚奇》和《二刻拍案驚奇》。

這五本小說集輯錄了宋元明以來的文言筆記、傳奇小說、戲曲、歷史故事及社會傳聞，可謂題材廣泛、內容複雜，被稱為「現代花邊雜誌的祖師爺」。

由於「二十四史」記載的是帝王將相的是非成敗，罕有平民小百姓生活起居的反映，以至於梁啟超在《中國史界革命案》中憤憤而言：「二十四史非史也，二十四姓之家譜而已！」

現代學者要探討中國古代市民階層的生活面貌和思想感情，往往會從「三言二拍」中找資料。

任何人都知道，「三言二拍」裡的故事只是故事，不得當真。

這應該算是中國史學資料的一個悲哀。

話說，在亦集乃路總管府遺跡中發掘出的《失林婚書案文卷》，寂然無聲地記錄了一個悲慘的故事，情節堪比三言二拍，卻是真實存在的。

故事的主角是年輕女子失林。

第四章　風起雲湧：元代的社會樣貌

失林是元大都人，於元順帝至正二十二年，即西元1362年，嫁給了商人脫黑爾。

失林的父母認為，脫黑爾屬於色目人，社會地位接近蒙古人，在做官、免差、納稅等多方面能得到政策方面的照顧，而且，商人經濟條件好，女兒嫁過去不會吃太多的苦。

但是，失林的父母太天真了。

白居易在〈琵琶行〉中直言不諱：商人重利輕別離，前月浮梁買茶去，去來江口守空船，繞船月明江水寒。

這「守空船」、「江水寒」還是輕的，重的，白居易恐怕還想像不到。

這個脫黑爾是個商人中的商人，倒買倒賣慣了，娶了失林後，覺得裡面有升值空間，就轉手將失林賣給了另一個商人脫黑帖木。

脫黑帖木的生意做得比脫黑爾大，做的是「跨國生意」，不但在大都和嶺北行省哈喇之間來回倒賣，還跨越阿爾泰山，到西中亞地進貨。

和脫黑爾相比，似乎脫黑帖木更有情義一些。

因為，他主動提出要帶著失林一起去進貨。

失林卻認為這裡面可能是一場陰謀。

因為，她感覺不到脫黑帖木對自己的愛。

也許，脫黑帖木是個大騙子，他一旦把她帶到了嶺北或者

阿爾泰山以西的地方，就會當作驅口（奴隸）賣掉。

在大都，不乏這樣的驅口市場。

失林親眼看見過驅口的悲慘生活──他們不但沒有自由，他們的子孫還要繼續為奴。

所以，失林堅決拒絕跟隨脫黑帖木到嶺北去。

脫黑帖木沒辦法，就把失林轉賣給了另一個商人阿兀為妾。

阿兀該年三十歲，是亦集乃路禮拜寺教士所管的包銀戶，資產比脫黑帖木這個「國際商」雄厚得多，家裡有妻有妾，還有兩男一女三個驅口。

兩個驅男是親兄弟，哥哥叫答孩，弟弟叫木八剌。

驅婦的名字叫倒剌。

這三個驅口主要是為阿兀的妻子服務的。

阿兀家大業大，卻也得經常為生意上的事奔波。

至正二十二年（1362年）三月，阿兀到嶺北做買賣去了。

獨守空房的失林結識了鄰居閆從亮。

閆從亮原本是陝西行省鞏昌府鞏西縣所管軍戶。至正十九年（1359年），反元起義軍攻破鞏昌城，閆從亮為躲避戰亂，輾轉來到了亦集乃路，製造馬用的油皮出售，成了失林的鄰居。

失林家和閆從亮家共用門前的一口井。

第四章　風起雲湧：元代的社會樣貌

在來往打水、洗衣服、洗菜等過程中，失林和閆從亮有了接觸，兩人慢慢地熟悉了起來。

失林被轉賣到人生地不熟，並且離娘家大都有三四千里遠的亦集乃路，單身孤寂，跟前連個說話的人都沒有——即使阿兀在家，他也是經常打罵失林，還放話說要把失林當驅口賣掉。

認識閆從亮後，失林把他當成了知心人，常常向他傾訴自己的不幸和吐露心中的煩惱。

閆從亮的寂寞孤單也不比失林少。

兩人年紀相同，都是二十四歲，一來二去，互生情愫，好到了一起。

當然了，兩人渴望的並非眼前的苟且，而是天長地久。

身為一個闖蕩過江湖，見過些世面的人，閆從亮想出了一條可以讓兩人廝守到白頭的妙計：即由失林把她與阿兀的婚書偷出來燒掉，向官府告狀，就說阿兀把良家女子失林作為驅口對待，等官府判阿兀與失林分離後，他就光明正大地娶失林為妻。

失林認可了此計，並大起膽實施了行動。

不過，失林不識字，她把阿兀存放在家裡小木匣的三份文書一起偷出，讓閆從亮挑出其中的婚書。

至正二十二年十一月二十三日過午，閆從亮到井上打水，

失林把偷出的三份文書一起交給了閆從亮。

但閆從亮也不識字,這就為難了。

怎麼辦?

活人不能被尿憋死。

閆從亮硬著頭皮,拿著三份文書到街上找了一個名叫帖木兒的史外郎識讀。

史外郎看完後,告訴閆從亮,這其中一份是失林的婚書,另外兩份是買驅口木八剌、答孩和倒剌的文書,並順口問了一句:這三份文書是哪裡來的?

閆從亮撒了個謊,說是在東街等著買柴火時撿到的。

好心的史外郎就告訴閆從亮,說:「此是人家有用的文字,休要毀壞。」

二十七日,閆從亮把買驅口的兩份文書交還給了失林,並約她晚上到自己的住處商量事情。

晚上掌燈時分,失林如約而至。

閆從亮從房簷下取出婚書,經過再三商議,兩人共同將婚書投到灶內燒成了灰。

二十九日,到嶺北做買賣的阿兀回來了!

也真是巧了。

阿兀在大街上遇到了史外郎。

第四章　風起雲湧：元代的社會樣貌

　　好心的史外郎告訴阿兀，曾經有人找他看過他與失林的婚書，以及他買驅口的兩份文書。

　　阿兀馬上有種不祥的預感。

　　回家捧出紅木匣一看，裡面的文書已不翼而飛了。

　　阿兀勃然大怒，一迭聲喚來失林，喝問裡面的文書哪裡去了？

　　失林事前雖然想過千百種應對方式，但事到臨頭，還是亂了陣腳，顫抖著手，從鋪蓋裡取出兩份文書，還如實交代，說：這三張紙我還給了鄰居閆從亮看，但他只還回了這兩張。

　　阿兀又不傻，看少了的是失林的婚書，立刻知道這對狗男女肚子裡的想法。他拿著剩下的兩份文書急急忙忙地去找在官府做事的徐典。

　　在城外西南角的禮拜寺，阿兀遇上了徐典。徐典給出的建議是：把此事告官。

　　亦集乃路官府辦案效率很高。

　　阿兀起訴時間為十一月三十日，案件結案時間是十二月初九。從上訴到審理結束僅用了十天時間。

　　總管府官員根據刑房呈報的檔案，把原告阿兀、被告閆從亮、證人史外郎和失林都帶到衙門。

　　失林和閆從亮都供認不諱。

　　最後，官府斷決責答失林四十七下，由阿兀帶回嚴加看

管;對閆從亮的判決結果因文字缺失,無從得知。

事實上,此時的元朝政府已風雨飄搖。

這之後的六年,明軍攻占了元大都,再過三年,馮勝攻破黑城,放火毀城,徹底廢棄了亦集乃路。

而失林和閆從林的命運如何,歷史再沒留下任何隻言片語,卻提供了讀者無限的想像空間。

馬可‧波羅撒下彌天大謊,騙過天下人,卻贏得巨大聲譽

關於馬可‧波羅,官方說法是,他是一個富於冒險而又不乏浪漫情懷的義大利旅行家、商人,曾在西元 1275 年到達元朝大都(今北京),拜見了當時的元朝皇帝忽必烈,擔任了元朝官員,在中國生活了十七年,遊歷了中國的許多地方。回國後,由他口述、朋友魯斯蒂謙(Rusticiano)執筆,寫下《馬可‧波羅遊記》一書。此書問世,風靡一時,激起了歐洲人對東方的熱烈嚮往,對以後新航路的開闢產生了巨大的影響。馬可‧波羅也因此成了蜚聲中外、史冊垂青的世界級旅行家。

事實也的確如此。

西元 16 世紀的義大利收藏家、地理學家拉穆西奧(Ramusio)就說,馬可‧波羅的《馬可‧波羅遊記》誕生僅僅幾個

第四章　風起雲湧：元代的社會樣貌

月,就在義大利境內隨處可見,並被翻譯成多種歐洲文字,廣為流傳。

現在,《馬可·波羅遊記》已有一百多種文字版本,稱得上世界級別的作品。

關於這部作品的意義,西方研究馬可·波羅的學者莫里斯·科利思(Maurice Collis)說,「(它)不是一部單純的遊記,而是啟蒙式作品,對於閉塞的歐洲人來說,無異於振聾發聵,為歐洲人展示了全新的知識領域和視野。這本書的意義,在於它導致了歐洲人文科學的廣泛復興。」

這本書之所以能產生這樣巨大的效應,主要歸功於馬可·波羅在書中撒下的彌天大謊。

西元 13 世紀之前,中西交往只停留在以貿易為主的經濟連繫上,缺乏直接的接觸和了解。歐洲對中國的認知,主要停留在口耳相傳的傳說上,對中國的了解嚴重不足。《馬可·波羅遊記》用神話筆法描畫出了一個東方世界,聲稱中國「黃金遍地,香料盈野」,迅速激起了歐洲人對中國的熱烈嚮往。有人根據書中描述,繪製了早期的「世界地圖」;有人根據這「世界地圖」研究新航路,諸如哥倫布一類的航海家、探險家更是把嚮往轉化為行動紛紛東來。

哥倫布在西班牙國王的資助下,接連進行了幾次遠航,到達了中美和南美的東北角。當時,哥倫布以為他所到達的地方就是亞洲的海濱諸島,以為墨西哥就是馬可·波羅書中所說

的中國的杭州,又把古巴島當作日本,並登岸四處尋問有無黃金⋯⋯

哥倫布雖然沒有到達中國,但他意外地發現了美洲大陸,開闢了由歐洲到達美洲的新航線,成就了不世偉名。

馬可‧波羅在世之日,眾多的航海家、探險家都沒能成功抵達中國。因此,有人對馬可‧波羅在書中的說法產生了懷疑。

馬可‧波羅臨終之前,教父要求他為了靈魂可以上天國,承認他自己在書中撒了彌天大謊。馬可‧波羅卻斷然拒絕,說:「我所說的一切都是真的,而且,我還未曾說出我親眼看見的事物的一半!」

馬可‧波羅去世後不久,在威尼斯每年一次的嘉年華會上,有人裝扮成小丑,自稱馬可‧波羅,專門表演一些誇大引人發笑的東西。「馬可‧波羅」因此成了「不誠實、吹牛」的代名詞。

不過,《馬可‧波羅遊記》所記述的許多事物又歷歷如畫,非親歷者不能說出。

比如說,馬可‧波羅說他從威尼斯到中國的路線,是經地中海、小亞細亞,穿越西亞的兩伊地區、中亞的阿富汗,到達中國的新疆地區,走絲綢之路南道,由喀什到敦煌,並經河西走廊、寧夏、內蒙古,到上都(今內蒙古自治區正藍旗),由上

第四章　風起雲湧：元代的社會樣貌

都到北京。

又比如說，馬可‧波羅說他奉元朝皇帝忽必烈的指派遊歷中國西南地區，是從北京經河北、山西、陝西、四川、西藏東部到雲南，由雲南再到緬甸、越南，再回到雲南，經四川等地。

再比如說，馬可‧波羅說他的回國經過，是從北京經河北、山東、江蘇，到浙江杭州，由杭州繼續南行，經福州到福建泉州，最後從泉州航海歸國。

對於航海歸國這件事，馬可‧波羅說，西元1289年波斯國王阿魯渾的元妃去世，阿魯渾派出三位專使來元廷求婚。忽必烈選定闊闊真為元室公主。當時，他就趁機向忽必烈大汗請求參與護送任務，以便在完成使命後，可以順路歸國。就這樣，西元1292年春，他隨三位使者護送闊闊真公主從泉州起航出海到波斯成婚後，於西元1295年回到了義大利。

忽必烈嫁闊闊真公主的事情，還有種種中國各地見聞的敘述，如忽必烈的生日、元朝的慶典及狩獵、元朝在東北和西南地區的戰爭、阿合馬被刺事件、大都與行在（今杭州）的高度繁榮、鎮江的基督教教堂、中國各地的物產、宗教、風土人情等，絕對不是靠道聽塗說，或者想像可以寫得出來的。

人們在半信半疑中，也沒有放棄對東方世界的探訪，最終打開大航海東西方航線。

從這一點上說，是馬可‧波羅豐富了歐洲人的地理知識，促進了地理學的發展。

英國學者約翰‧拉納（John Larner）在《馬可‧波羅與世界的發現》（*Marco Polo and the Discovery of the World*）一書中盛讚馬可‧波羅開拓了東方文明。

不過，馬可‧波羅在《馬可‧波羅遊記》中撒的彌天大謊也很快被揭穿。

因為，中國並沒有「黃金遍地，香料盈野！」

此外，馬可‧波羅在書中所撒的謊言也隨處可見。

西元 1965 年，德國學者福赫伯（Herbert Franke）在一篇報告中說，馬可‧波羅把亦思瑪因向忽必烈進獻拋石機的功勞記在了自己的頭上，而據史料記載的時間，他當時還在去中國的途中。另外，中國史籍上沒有任何馬可‧波羅在揚州當過官的紀錄，顯然是馬可‧波羅在遊記中為了炫耀和吹噓自己，誇大了許多東西。

話說回來，也正是馬可‧波羅的吹噓、誇大其詞，這才引起了人們對東方的嚮往，他們才會這麼不遺餘力地向東尋訪中國，從而加快和促進了中西交通和文化交流。

從這一點上來說，馬可‧波羅功不可沒。

第四章　風起雲湧：元代的社會樣貌

● 摩洛哥人在元順帝時代的旅途見聞

在我們的想像裡，古代科技生產水準低下，交通基本靠走，通訊基本靠吼，治安基本靠狗。

那麼，那些因為種種原因不得不離家外出的人，他們的旅途就會充滿種種艱辛、充滿種種孤寂、充滿種種落寞，甚至充滿種種險惡。

不是嗎？

我們讀流傳於世的眾多詩詞作品，那些遊子漂泊四方的抒懷作品，永不褪色；那些斷腸人在天涯的畫面，歷久彌新。

這裡面有「日暮蒼山遠，天寒白屋貧」，也有「移舟泊煙渚，日暮客愁新」，還有「客舍并州已十霜，歸心日夜憶咸陽」，更有「夜寒茅店不成眠，殘月照吟鞭」。

唐代戴叔倫的那首〈除夜宿石頭驛〉，更是寫盡了羈旅的孤苦和愁悶，詩云：

旅館誰相問，寒燈獨可親。

一年將近夜，萬里未歸人。

想想看，年夜將近，萬里未歸，獨處旅館，只得寒燈相伴，那真是氣塞腸斷，愁殺萬千遊子。

但這種孤苦和愁悶，並不是古代遊子的全部。

話說，元順帝當政期間，有一個名叫伊本‧巴圖塔（也譯

白圖泰）的摩洛哥（宋元漢籍載稱默伽臘國）人，其喜歡周遊世界，最先到麥加朝聖，後來遊歷了阿拉伯半島、波斯各地，最後在印度的德里定居了八年。西元1242年，奉德里算端之命隨元朝使臣來中國，從泉州登陸，北上大都，在中國遊歷了三年多，大開眼界，並有《伊本‧巴圖塔旅行記》一書傳世。

《伊本‧巴圖塔旅行記》裡，有一段詳細記載了他在當時中國旅館享受到的周到服務。

現在飯店、旅館，都非常喜歡使用「賓至如歸」這個詞語。

這是一個非常古老的詞語，出自《左傳‧襄公三十一年》，裡面記「賓至如歸，無寧災患」。

當時，周王說這句話，是要求賓館按照「賓至如歸」的標準來接待晉國使者，意思是讓賓客住進旅館裡，就像回到了自己家，那他們就不會帶給我們什麼災患了。

這之後，「賓至如歸」就成了旅館業通行的行規和服務的最高境界。

巴圖塔來到中國，迅速體驗到了這種「賓至如歸」的感覺。

為了使客人住進旅館就像回到了自己家，只要是客人能想得到的、合理的、需要提供的服務，旅館業都竭力提供，以讓旅客滿意。

客人出門在外，隨身攜帶的貴重物品不是難以保管嗎？

旅館負責幫助保管，雙方清點好物資，簽字畫押，失一賠十。

第四章　風起雲湧：元代的社會樣貌

旅館原本是提供飲食服務的，但旅客不是想擁有家的感覺嗎？行，您也可以親自下廚、親自動手，來一桌比現代餐飲業裡更純粹的「自助餐」。

旅客新來乍到，對該地方不熟悉，有貨物要銷售，或有東西要購買，旅館也提供服務，不但代購、代銷，還經常代付。

前面不是說了嗎？古代交通不便利，人們出行主要靠步行或人力、畜力車，出一趟遠門歷時數月甚至數年是常有的事。

旅館的代購服務裡也包含有「代購」女人這一項，為的就是讓旅客真正擁有「家」的感覺。

《伊本・巴圖塔旅行記》裡記：「客人有欲蓄妾者，主人代為購婢做妾，給室以二人居，費用由主人臨時代付。」這裡說的「主人」即為旅館老闆。注意，古代蓄妾並不違法，蓄妾者可以將妾帶回家，也可以不帶，變「購」為「租」。

由於「租妾者」的數量遠多於「購妾者」，所以，旅館老闆乾脆就安排一批願意賣身做妾的女子住在旅館附近，甚至直接讓她們住在旅館裡面。

明張岱在《陶庵夢憶》中記載他在泰山進香時所見的此種情形，為「再近則密戶曲房，皆妓女妖冶其中」。

所以，古代有錢人，那是非常樂意出遠門的，他們直呼「長江兩岸娼樓多，千門萬戶恣經過。人生何如賈客樂，除卻風波奈若何」。

有人也許會說，既然出門主要目的不是經商做買賣，而是為了尋找「賓至如歸」的豔遇和刺激，就不是什麼「買客樂」了，乾脆叫「旅館樂」得了。

不要以為「旅館樂」這三個字新穎別緻，其實和現在人們經常提到的「旅遊度假村」或「旅遊度假飯店」是同一意思的。

中國古代是真有大型旅遊度假飯店的。

還是張岱《陶庵夢憶》裡提到的泰安州客店，就是這樣一個大型旅遊度假飯店。

現代旅遊度假飯店會設有大型停車場，古代的交通工具是驢馬，泰安州客店設有「驢馬槽房二三十間」，可容納二三百匹驢馬，可知客流量之大。

現代旅遊度假飯店設有前廳部，泰安州客店也設有，「投店者，先至一廳事，上簿掛號」，即客人入住要先到前廳部辦理相關手續。

店裡分開不同等級的客房，「店房三等」，以滿足不同的客人的需求。

店裡的餐飲部發達，「庖廚炊灶亦二十餘所，奔走服役者一二百人」。

對於登山燒香、娛樂的遊客，飯店提供免費的午餐打包盒，「在山上用素酒果核勞之，謂之『接項』」。

飯店自身安排的娛樂節目也繁多，「計其店中，演戲者

第四章　風起雲湧：元代的社會樣貌

二十餘處,彈唱者不勝計」,遊客「下山後,葷酒狎妓唯所欲」。

張岱因此感嘆說:「若上山落山,客日日至,而新舊客房不相襲,葷素庖廚不淚混,迎送廝役不相兼,是則不可測識之矣。」

文末還特別提到,像這樣的大型旅遊度假飯店,泰安一州還有五六所。

明朝官員于慎行在萬曆九年登泰山時,在〈登泰山記〉一文中,更記下了每年三四月遊客高峰期的盛況:「若在三四月間,五方士女,登祠元君,以數十萬,夜望山上篝火,如聚螢萬斛,左右上下蟻旋魚貫,叫呼殷振鼎沸雷鳴,彌山振谷,僅得容足之地以上。」

毫無疑問,這數十萬遊客中遠道而來的大部分,就由張岱提到的泰安州的六七所旅遊度假客店來接待,從其龐大的接待能力,可以間接推想其規模之大。

所以說,不要小看古人,現代人的很多自以為新穎的生活方式,其實都是古人玩剩的。

前朝皇帝的頭骨被做成酒杯，在元帝手中代代相傳

中國人講究的是入土為安，不論貴族還是平民，都希望死後能遠離世間紛爭，長眠於地下，永遠不受打擾。

但是，一個人若在世間作惡太多，很可能享受不到這樣的待遇。

比如說春秋時期的楚平王，殘殺了伍子胥一家。伍子胥逃亡吳國，藉助一把魚腸劍和刺客專諸把公子光扶上了王位，即吳王闔閭，並輔佐闔閭成為一代霸主，擊敗楚國軍隊，攻入了楚國都城。這之前，楚平王已壽終正寢，厚葬於地下。伍子胥為洩數十年來的怨氣，撬開楚平王的墳墓，揮動鋼鞭鞭屍三百，左腳踩其腹，右手挖其眼，怒吼道：「是誰讓你聽信讒諛之言殺我父兄的？你也有今天！」

伍子胥鞭屍之舉，可謂驚天動地。

話說回來，楚平王慘遭鞭屍，可謂自作自受，但歷史上卻有很多人一世行善，未嘗為禍於任何人的，卻遭到了比楚平王還慘的待遇，可謂冤哉。

其中，最凸出的，莫過於南宋理宗皇帝。

南宋理宗皇帝原名趙與莒，是宋太祖趙匡胤之子趙德昭的十世孫，皇室貴冑，金枝玉葉。可是，自北宋太宗趙光義在「斧

第四章　風起雲湧：元代的社會樣貌

聲燭影」中竊取了政權，宋太祖趙匡胤的血脈子孫迅速衰敗，又兼經過「靖康之難」的摧殘，已經全部徹底淪落成了平民。

不過，南宋開國皇帝宋高宗晚年無子，重新找宋太祖趙匡胤的後裔子孫繼承帝位，則宋太祖趙匡胤這一脈方才興盛起來。

但趙與莒也不過屬於宋寧宗的遠房堂姪，居住於紹興府山陰縣虹橋農村，無人相識。

宋寧宗晚年無子，機緣巧合，趙與莒被權相史彌遠選中入宮，繼承了帝位。

宋理宗治國，「四十一年之間，日恆月升，謹終如始」，天下粗安，總體還不錯。甚至在端平年間的更化改革「儼然中興景象」。

特別值得一提的是，宋理宗出身於平民，深味生活的艱辛，關心孤幼的生活，創立了世界上最早的官辦孤兒院——慈幼局。

這樣一個基本上是人畜無害的皇帝，死後卻遭受人間奇禍。

南宋滅亡後，元朝妖僧楊璉真伽盜掘南宋皇陵，把理宗屍體從陵墓中拖出，倒懸於陵前樹林中以瀝取水銀，並把理宗頭顱割下，鑲銀塗漆，做成盛酒器具，獻給了帝師八思巴。

八思巴聽說這酒具是南宋皇帝腦殼做的，視若奇珍，借花

獻佛，鄭重其事地進獻給了忽必烈。

忽必烈歡喜不盡，日日以之盛酒豪飲，並將之傳之後世。

這樣，理宗的腦殼被元朝皇帝代代相傳，一直傳了九十年！

西元 1368 年，明軍攻占北京，朱元璋繳獲了這個酒具，大為嘆息，以帝王禮葬於應天府（今江蘇南京），次年又改歸葬於紹興永穆陵舊址。

高麗王位在蒙古元朝的干涉下，更替如同兒戲

唐末亂世，中原進入五代十國的烽火時代，山河動盪，大旗變幻。

原籍太原、定居朝鮮半島的漢人王建於西元 918 年建立高麗國，西元 936 年統一朝鮮半島。

高麗國剛成立時，沿襲中原皇室制度，國王自稱「朕」，下達的命令稱為「詔」，國王的繼任人稱「太子」，國王的母親稱「太后」，首都的皇宮被稱為「皇城」。稍為不同的是國王被稱「陛下」外，也稱「海東天子」或為「大王」。

中原五代十國結束後，統治北方的先是遼國，後是金國，這段漫長的歲月裡，高麗國算是自由的。

第四章　風起雲湧：元代的社會樣貌

但蒙元滅掉了金國、南宋，完成了中原大一統，高麗不得不乖乖向蒙元稱臣。

高麗元宗為了保住王位，請求與元朝聯姻，元世祖答允了他的請求。

此後，元朝皇帝或王室成員之女嫁與高麗國王便成為一種例制，蒙古公主成為元朝的代理人，在高麗擁有高於國王的權力。

元朝皇帝是高麗國王的岳父，高麗國王成為元朝的駙馬。高麗國王與元公主所生之子由元朝指定立為世子，日後再成為國王。

這樣，高麗政權就掌握在元朝手中。

西元1275年，高麗忠烈王被元朝冊立後，從元大都返回開城即位，不再自稱朕，改稱孤，陛下改為殿下，太子改為世子，廟號制度也從元宗後廢止。

高麗國王成了一個擁有雙重身分的人，既是元朝的地方官，又是高麗國的國王。

元朝統治者並沒有強迫高麗改變其本國習俗，但高麗統治者為了表忠心，主動改換蒙古服飾，樂呵呵地梳剃起蒙古髮式，高麗百姓也不得不跟著效仿。

另外，從忠宣王開始，高麗國王大多有蒙古名字。忠宣王的蒙古名叫益智禮普化，忠肅王叫阿剌忒訥失里，忠惠王叫普

塔失里，恭愍王叫伯顏帖木兒，等等。

這裡，說說忠惠王普塔失里的不平常遭遇。

忠惠王普塔失里本名王禎，是忠肅王阿剌忒訥失里（本名王燾）的兒子，在當世子時，到元朝朝覲，很得元朝右丞相燕鐵木兒的歡心。

在燕鐵木兒的運作下，王禎於西元1330年被元朝冊封為高麗國王，在元大都接受了高麗王金印，娶元朝鎮西武靖王的女兒亦憐真班即德寧公主為妻。

王禎回國，王禎的父親王燾就當不成國王了，苦巴巴地到元大都朝拜。

可是，王禎的王位還沒坐穩，第二年，有人在元朝廷誣告王禎，說高麗與遼陽行省密謀叛亂，擁立太子妥懽帖睦爾（成吉思汗的八世孫）為帝。

於是，一道詔令從元大都發出，王禎被解除高麗王位，並火速到元大都聽候發落，而其父王燾則回國復位。

此事，搞得王燾父子不知所措。

王禎回到元大都，雖然沒受到大的懲罰，但親信金天祐、盧世瑞等人被流放到海南。

為什麼會出現這樣的變故？

原來，喜歡王禎的燕鐵木兒死了，接任右丞相的是燕鐵木兒的死對頭伯顏。

第四章　風起雲湧：元代的社會樣貌

伯顏不喜歡王禎，於是就略施小計，撤了王禎的國王之職。

王禎丟了國王之職，但在元大都混得還是不錯的，生活有滋有味。

伯顏左看右看，看王禎不順眼，斥之為「潑皮」，上奏朝廷說：「禎無行，恐累聖德，不宜宿衛」，要求把王禎驅逐出元大都。

西元1336年年底，王禎在漫天風雪中被驅逐出了元大都，悄悄惶惶地回了高麗國。

王禎的父親王燾年老病死，立遺囑把王位傳給王禎。

王禎遵照父親的遺囑，在高麗即位。

但伯顏堅決反對，不安排冊封，則王禎的王位就名不正、言不順，相當尷尬。

這還不算，伯顏又以王禎強姦婦女為由，命人將他押送到元朝。

不過，身為一代權臣，伯顏雖然予殺予奪，飛揚跋扈，但他的最終歸宿也不好。

元順帝不甘受伯顏挾制，利用伯顏的姪子脫脫發動政變，將伯顏貶黜流放。

這樣，王禎才得以回到高麗復位。

這是王禎第三次登上王位了，但這還不是最終的結局。

西元 1343 年十一月，元朝大臣赤等六人出使高麗，王禎身體患病，禮數不周。元朝天使震怒，與駐高麗的行省官員把王禎及其一幫親信捆綁起來，押送回元大都，罪名是對元朝不恭，且「貪淫不道」、「剝民已甚」。

那麼，王禎是不是真的「貪淫不道」、「剝民已甚」，就不得而知了。

搞笑的是，赤押送王禎經過肅州。王禎晚上睡覺時覺得有點冷，就向肅州太守安鈞要一床被子取暖。這個安鈞，平日逢迎巴結王禎，這會兒看王禎已是階下囚，就落井下石，向赤告狀說：「國王因為貪婪淫蕩而犯罪，現在還敢勒索我的被子，討厭！」赤一聽，火冒三丈，拎起一把鐵尺朝安鈞劈頭蓋臉就是一陣亂打，邊打邊罵：「你能當到太守的官職，還不是國王任命啊？現在他覺得冷了，向你要床被子你都不給，你還是人嗎你！」安鈞被打得嗷嗷直叫，心裡那個懊悔啊，直呼元朝天使實在是天威難測。

王禎被押到了北京，元順帝也沒太多精力過問他的事情，直接發配他到廣東揭陽。

而高麗臣子，一個個都是安鈞之流。本來連同王禎一起被押送來的還有他的一幫親信，但這些親信被判處沒事，立刻拍拍屁股溜了，沒一個人肯跟隨王禎到揭陽去。

西元 1344 年，眾叛親離的高麗忠惠王王禎，走到湖南嶽陽，寂寂無聞地死了，時年三十六歲。

第四章 風起雲湧：元代的社會樣貌

據說，王禎的死訊傳回高麗，高麗人竟「無閔之者」。

不過，飽受反覆折騰的王禎也沒耽誤生子，他和德寧公主亦憐真班生有兒子王昕和女兒長寧翁主。

王禎死了，元順帝便冊封只有八歲的王昕為高麗王，由德寧公主垂簾聽政。

德寧公主壯年喪夫，難忍寂寞，與居中裴儉和康允忠勾搭成奸。但德寧公主是元朝的公主，誰敢說三道四？

西元1348年，王昕病死。繼承王位的人選有王禎母弟江陵大君王祺和王禎的庶子慶昌院君王。

王祺是成年人，王只有十二歲。

在德寧公主看來，當然是只有十二歲的王好操控。

於是，次年二月，元朝冊封王為高麗王。

但和王昕一樣，沖齡繼位的王在位不足數年也夭折了。

沒辦法，西元1351年，元朝被迫冊立王祺為高麗王。

王祺雖是成年人，但在強勢的德寧公主面前仍是沒有說話的份。

直到二十多年後，即西元1375年德寧公主去世，王祺才掌握了政權。

但是，高麗國敗亡在即，任何人都無法改變結局了。

第五章
文化燦爛：
元代的藝術發展

第五章　文化燦爛：元代的藝術發展

元朝「寬仁」嗎？
朱元璋為什麼會說「元以寬仁失天下」？

朱元璋的確說過類似於「元以寬仁失天下」之類的話，而元朝也的確是「寬仁」。

有眾多史料可查，「元政寬縱」的說法屬實不虛。

其「寬仁」主要表現在吏治寬鬆、政簡刑輕、文化多元、不抑兼併、重商輕稅等各方面。

不多說了，直接上乾貨。

至元四年（1338 年）三月，元順帝命中書平章政事阿吉剌根據《大元通制》編定第三部法律《至正條格》，該書序言中赫然自稱「我元以忠質治天下，寬厚得民心」。

如果說，這只是統治者的自吹自擂，可以對比一下元末文人葉子奇所著《草木子》一書中關於元朝統治的評價。

該書稱：「自世祖（指元世祖忽必烈）混一之後，天下治平者六七十年。輕刑薄賦，兵革罕用，生者有養，死者有葬，行旅萬里，宿泊如家，誠所謂盛也矣。」這真是一派安定祥和的景象。

如果說孤證不立，再看與葉子奇同一時代人丁鶴年所寫的〈送月特郎定江浙賦稅還大都〉，其頌稱「力役均平賦斂輕，去者謳歌來鼓舞」，大讚元朝的安樂景象為「生逢舜日當堯天，經

營內外皆英賢。八十衰貧百無補，茅簷擊壤歌豐年」。

甚至，推翻了元朝統治的明太祖朱元璋也承認「元政寬縱」。

《明太祖寶訓》中記載有朱元璋說過的原話：「朕觀元朝之失天下，失在太寬。昔秦失於暴，漢興濟之以寬，以寬濟猛，是為得之。今元朝失之於寬，故朕濟之以猛，寬猛相濟，唯務適宜爾。」

朱元璋說這句話的背景，主要是想表達自己實施「猛政」、「重典」是在「懲元之弊」。

明初大臣劉基、宋濂等人也同樣認為元朝太過「寬仁」。

宋濂主修《元史》中屢有提到：「元初，取民未有定制，及世祖立法，本於寬。」

說到這裡，有人也許會問了，秦施暴政而天下亂，這一點好理解，但元施寬政為什麼也會引發天下大亂呢？

《元史》裡其實也做了解釋：「元之刑法，其得在仁厚，其失在乎緩弛而不知檢也。」

即施政太過「寬仁」，對人民沒有形成有效的約束，從而縱容了動亂的爆發。

葉子奇的《草木子》解釋得更清楚：「是時，天下承平已久，法度寬縱，人物貧富不均，多樂從亂。」

貧富不均，是古代任何一個朝代也難於消除的現象，法

第五章　文化燦爛：元代的藝術發展

度既寬，難免就會發生貧者仇富、搶富、劫富、掠富等現象。一旦這些現象沒遭受到像樣的懲處，類似惡性事件就會愈演愈烈。而當有野心家參與其中，煽動起民族情緒，其所產生的破壞力是相當驚人的。那麼，元朝在中原統治的崩盤，那就見怪不怪了。

朱元璋頒發伐元檄文的時候，也並沒有拿元朝的政治說話，只說「元以北狄入主中國」、「實乃天授」，承認「元世祖肇基朔漠，入統中華，生民賴以安靖七十餘年」，甚至稱讚元朝「與民為主，傳及百年」、「強不凌弱，眾不暴寡，在民則父父子子夫夫婦婦，各安其生」。

想想看，朱元璋出生於赤貧之家，父母死時連葬身之地都沒有，可謂歷經風霜。

但他在討伐元朝的時候，並沒像駱賓王發〈討武曌檄文〉那樣，大曝討伐對象之罪，反而為之「唱讚歌」，這難道不是非常奇怪的事嗎？

原因只有一個：「元政」實在太過「寬縱」，拿這個點說事，激發不起民眾同仇敵愾的鬥志。

事實上，朱元璋對自己早年的悲慘境遇主要是歸咎於天災人禍和世道的不公，對元朝，他是感恩懷念地說「朕本農家，樂生於有元之世」。還有，因為元朝「政寬、刑輕、賦薄」，所以，元末出現了很多協助元朝平定暴亂的義軍，如察罕帖木兒、陳友定、楊完者、李思齊等，這些人都是主動毀家紓難，

招兵買馬，以維護元朝統治的。

《元史新講》中提到：「元代軍隊數量比其他朝代少，又因承平日久，到了末年，已經喪失了戰鬥力。順帝至正間，各地的戡亂戰役不分南北，全靠當地人民自動組織及政府號召徵募的義軍替朝廷賣命。」

另外，元末殉難的儒士也很壯烈，如江西行省參政劉鶚被反元義軍擒獲後，寧死不降，絕食六日而亡，還寫下絕筆詩昭著後人：「生為元朝臣，死為元朝鬼。忠節既無慚，清風自千古。」

另一文士王翰拒絕朱元璋的招安，聲稱「義不仕二姓」，自殺身亡。沒有殉難的名儒，因為眷戀和懷念前朝，也多不願出仕新朝，如李祁、鄭玉、陳亮、戴良，等等。

說了這麼多，有人會問，元朝的「寬仁」到底「寬仁」到什麼程度呢？

還是舉個例子吧。

最能反映元朝「寬仁」政策的，無非在於其對刑法的態度。

元世祖忽必烈曾經說：「人命至重，悔將何及，朕實哀矜。」、「朕治天下，重惜人命，凡有罪者，必命對再三，果實而後罪之。」

即元朝的法律原則是「慎刑」、「慎殺」。

怎麼「慎殺」法呢？

第五章 文化燦爛：元代的藝術發展

一句話，元朝的死刑犯，累經各級衙門審斷後，極少有能夠執行的！

葉子奇的《草木子》曾描述說：「天下死囚審讞已定，亦不加刑，皆老死於囹圄」，以至於「七八十年之中，老稚不曾睹斬戮」。

這在中國古代歷史上，絕對是一個奇特的現象。

《元史・刑法志》感嘆說：「蓋古者以墨、劓、剕、宮、大闢為五刑，後世除肉刑，乃以笞、杖、徒、流、死備五刑之數。元因之，更用輕典，蓋亦仁矣。」

話說回來，元朝為什麼會出現「寬政」呢？

主要與草原舊制有關係。

蒙古草原舊制原本的治理制度是很簡單的，進據中原後，既缺乏全面系統的社會經濟政策，也缺乏充足且合格的吏治人才，於是元朝帝王就乾脆做甩手掌櫃，不問政事，交由「家臣治國」，最終導致吏治不清、反貪無力、行政效率低下，政治寬鬆。

現在很多人之所以會感到元朝統治黑暗，主要是明中葉以後，明朝長期面臨「北虜」之患，尤其在「土木堡之變」爆發後，明人對蒙古人更加仇視和敵對，就不斷地黑化元朝及蒙古人，甚至妖魔化。

明亡後，清朝統治者對人民的壓榨和奴役非常過分。而清

朝統治者和元朝統治者有一共同點──都是由關外殺進來的少數民族。

所以，人們在談論元朝的時候，會想當然地把清朝施行過的暴政嫁接到元朝的頭上。

元曲的興盛，是元朝科學考察取士的結果，還是遭元朝科學考察冷落所致？

中國古代文化發展的時代性是非常鮮明的。

比如說，先秦散文、漢賦、唐詩、宋詞、元曲、明清小說。

這其中的元曲，以其對現實揭露的深刻性、題材的廣泛性、語言的通俗性、手法的多變性，可謂集歌、賦、詩、詞之大成，在文學藝苑中熠熠生輝，從而與漢賦、唐詩、宋詞一起被譽為「古代文學藝術寶庫中四顆璀璨的明珠」。

這裡有一個問題：元朝國祚不過百年之間，來去匆匆，倏忽如風，而且內訌頻起，並沒有多少年消停，這元曲為什麼就如在一夜之間，在元帝國的土壤上興盛起來了呢？

對於這個問題，明清許多學者提出一個看似非常合理的答案，說這是元廷科學考察「以曲取士」的必然結果。

沈德符在《顧曲雜言》中把這一問題講得相當清楚。

> 第五章　文化燦爛：元代的藝術發展

他說：「元人未滅南宋時，以此定士子優劣。每出一題，任人填曲。如宋宣和畫學，出唐詩一句，恣其渲染，選其中得畫外趣者登高第，以故宋畫元曲千古無匹。」

與沈德符同時期的曲選家臧懋循深憾明代沒有沿襲「以曲取士」這一做法，在《元曲選》的兩篇序中都有談到元代「以曲取士」的操作，說：「元以曲取士，設十有二科。」

除了沈德符和臧懋循之外，像孟稱舜、程羽文、吳梅村、吳伯成、汪上薇、沈寵綏、毛奇齡、許登壽、李調元、姚燮等名流文士，也都認為是「元以曲取士」的結果。

的確，上有所好，下必甚焉。

元統治者既然以元曲來挑選人才，當然就會有大批人才投入到元曲創作中去了，這樣一來，元曲不興盛才怪呢。

但是，查《元史·選舉志》，在元廷選舉制度裡，根本就沒有「以曲取士」的記載。

人家只說：「蒙古、色目人，第一場經問五條，《大學》、《論語》、《孟子》、《中庸》內設問，用朱氏章句集注。其義理精明，文辭典雅者為中選。第二場策一道，以時務出題，限五百字以上」、「漢人、南人，第一場明經、經疑二問，《大學》、《論語》、《孟子》、《中庸》內出題，並用朱氏章句集注」、「第二場古賦詔誥章表內科一道」、「第三場策一道，經史時務內出題，不矜浮藻，唯務直述，限一千字以上成」。

那麼,這「以曲取士」的說法很可能就是沈德符等人根據宋徽宗「以畫取士」的做法,想當然編造出來的。

還有,臧懋循所說「元以曲取士,設十有二科」中的「十有二科」,說的是元曲中按神仙道化、隱居樂道、林泉丘壑、披袍秉笏、君臣雜劇、忠臣烈士、孝義廉節、叱奸罵讒、逐臣孤子、鈸刀趕棒、風花雪月、悲歡離合、煙花粉黛、神頭鬼面分成的十二種科目,但這種分法,元代並不存在,是明太祖朱元璋的第十七子寧王朱權在著作《太和正音譜》中根據雜劇主題分類出來的。

所以,清朝的梁廷、夢遜生等人是對所謂「元以曲取士」說法持懷疑態度的。

實際上,欽定四庫全書在收錄沈德符《顧曲雜言》時,四庫館臣就赫然評點:「此書專論雜劇、南曲、北曲之別。其論元人未滅南宋以前,以雜劇試士,核以《元史·選舉志》,絕無影響,乃委巷之鄙談。」

即「元以曲取士」之說,純屬「委巷之鄙談」,並不存在。

那麼,元曲的興盛,應該與科舉考試是沒關係的嘍?

不,有關係。

清末史學大師王國維認為大有關係。

不過,他的觀點有些相反,即元曲的興盛並非元廷「以曲取士」所致,而是冷落科舉所致。

第五章　文化燦爛：元代的藝術發展

他的解釋是：因為元廷不重視科舉，甚至廢除了科舉，使得大批文士一腔才情無處安放，只得盡數傾瀉於元曲創作上，才使元曲「忽如一夜春風來，千樹萬樹梨花開」。

王國維是這樣說的：「餘則謂元初之廢科目，卻為雜劇發達之因。蓋自唐宋以來，士之競於科目者，已非一朝一夕之事，一旦廢之，彼其才力無所用，而於詞曲發之。」

王國維為什麼會產生出這樣的想法呢？

蓋因清代徐乾學《資治通鑑後編》卷一百六十二有記：「蒙古舊法，分人為十等：一官二吏三僧四道五醫六工七獵八民九儒十丐。」即元代讀書人社會地位非常低下，已與乞丐同列了。

王國維認為，之所以會出現這種情況，就是因為元廷廢除了科舉考試，迫得讀書人沒有出路，只能形同於乞丐。

不過，徐乾學所說的「九儒十丐」，到底來源於什麼樣的文獻呢？

徐乾學沒說，別人翻遍元代法律文獻也沒有查到。只在某些文人記載裡提到：「以儒為戲者曰：我大元制典，人有十等：一官二吏三僧四道五醫六工七獵八民九儒十丐。」

即這應該是俳優的戲言，並非事實。

我們來看一些相對可靠的記載。

元人張鉉在《至正金陵新志》卷九記述有元朝設定儒戶以及對士人的優待：「大德十一年，繫籍儒戶，雜泛差役並行蠲

免。至大二年，儒人免差。延祐元年設科取士，儒風大振。其明年再詔，隸籍在學儒人毋得非禮科役煩擾。是後有司奉行，不至儒者雜於編戶。」

瞧，元廷為了保證讀書人的溫飽與尊嚴，專門開設了儒戶，免除儒戶的各種雜稅以及差役，而且「延祐元年設科取士」後，「儒風大振」。

另外，查鍾嗣成《錄鬼簿》中所記錄元代前期雜劇作家的生平，我們也應該看到，那些有名的元曲作家，並不是淪落到與乞丐為伍的文人：關漢卿為太醫院尹、白樸為贈嘉議大夫掌禮儀院太卿、馬致遠為江浙省務提舉、高文秀為東平府生員、史九敬仙為武昌萬戶、庾天錫為中山府判、張國賓為喜時營教坊勾管、梁進之為大興府判、李子中為知事除縣尹、李寬甫為刑部令史除廬州合淝縣尹、李時中為工部主事、李進取為官醫大夫、李文蔚為江州路瑞昌縣尹、尚仲賢為浙江省務提舉、張時起為東平府生員、顧仲清為清泉場司令、張壽卿為浙江省掾吏、趙天錫為鎮江府判、趙公輔為儒學提舉……

所以，王國維的觀點是有失偏頗的。

對，元朝初年是停辦了科舉考試，但並不代表元廷統治者不想舉行科學考察，而是條件不允許。

事實上，據《元史·選舉志》所載：在元太宗（窩闊台）九年（1237年）秋就舉行了開科取士，史稱「戊戌選試」，後因「當世或以為非便事復中止」了。但窩闊台也在設立儒戶之前，

第五章　文化燦爛：元代的藝術發展

明令以「儒通吏事」與「吏通經術」為錄用條件，從各地選拔政府官員。即在停廢科舉期間，許多士人都加入了胥吏的隊伍中。《四庫全書總目提要》裡有提到：「元初罷科舉而用掾吏，故官制之下次以吏員。」即元朝的官員很多是從胥吏中拔擢的。

忽必烈平滅南宋，要求從南方士人中選拔官員，從而促進大批學校興建，讀書人越來越多。

宋末元初的大詞人劉辰翁感嘆說：「科舉廢而學校興，學校興而人材出。故學校又為天地心之心也。」

元至治元年進士吳師道甚至認為，科舉雖然停廢，但由於政府重視學校建設，並不影響讀書人走向仕途，他說：「科舉、學校相表裡者也、內儒而仕者，不為進士則為教官。科舉廢而學校存，柄國者豈不以學校為至重哉。」

當然，對於要不要恢復科舉考試，忽必烈還多次在朝廷上與群臣展開討論，其中，至元二十一年就明確確定了要實行科舉制。後因忽必烈去世，擱置到了元仁宗黃慶二年才正式設科取士。這之後，一直到元末，共舉行了十六次科舉考試，考中進士的共計一千一百三十九人。

所以，回到問題本身，元曲的興盛，不一定是「以曲取士」積極引導的結果，也未必是停廢科學考察的消極發洩所致。

近代戲曲家孫楷第說得較合理，主要是元朝宮廷喜歡，群

眾也對這一文藝形式趨之若鶩,最終促進才人與俳優更加密切合作,元曲發展因此達到了一個巔峰。

是的,元曲發展巔峰的到來,就是九月懷胎、一朝分娩的結果。

不是嗎?唐宋以來,話本、詞曲、傳奇小說,以及講唱文學的發展日趨成熟,當它們最終結合在一起,必然會煥發出耀眼的光芒。

元代文人遊海外寫了本書,使一已死國度得以「復活」

美國著名歷史學家約翰・金・費爾班克(John King Fairbank)對中華文化推崇備至,他幫自己取了一個中國名:費正清,並在哈佛大學開設了東亞文明課程。現在,哈佛大學東亞研究中心的名字就叫費正清東亞研究中心。

費正清曾經心悅誠服地說:「中國的歷史記載浩如煙海,詳盡而廣泛。很多世紀以來,中國的歷史學一直是高度發達和成熟的。」

的確,不但中國的文字發明較早,而且,自古至今,中國歷朝歷代都設定有專門記錄歷史的史官,史官制度之完備,全世界無一國可與相比。

第五章　文化燦爛：元代的藝術發展

正是這個原因，現在很多國家，包括日本、朝鮮以及東南亞各國，要研究本國歷史，都必須藉助於中國的古代典籍刨根問源。

其實，在中國，除了一本正經的官修正史外，由於古代中國繁榮富庶，文人階層發達，大部分文人都有閒情逸致，所寫的遊記、雜記、小品文也匯成了研究歷史不可或缺的資料。

生活在元朝的溫州人周達觀，就屬於這類富有閒情逸致的文人。

周達觀寫有一本遊記——《真臘風土記》，說他在三十歲那年，即元成宗元貞元年（1295 年），曾隨朝廷使團乘船到過一個名叫真臘的國家。鑑於真臘的風土情物與中土迥然不同，他寫了一本《真臘風土記》，詳細敘述了真臘的山川、物產，以及居民的生活、經濟、文化習俗、語言等。

書中所寫，千奇百怪，卻又盎然成趣。

比如說，周達觀寫真臘的王宮，寫真臘國王的生活，讓人觀之如同天外奇談。書中寫：「其內中金塔，國主夜則臥其上。土人皆謂塔之中有九頭蛇精，乃一國之土地主也，係女身。每夜（則）見國主，則先與之同寢交媾，雖其妻亦不敢入。二乃出，方可與妻妾同睡。若此精一夜不見，則番王死期至矣；若番王一夜不往，則必獲災禍。」

真臘國民的服飾裝扮，也讓人大吃一驚。書中寫：「大抵

一布纏腰之外，不以男女，皆露出胸酥椎髻跣足，雖國主之妻，亦只如此。」

最讓人覺得匪夷所思的是，「人家養女，其父母必祝之日，願汝有人要，將來嫁千百個丈夫。富室之女自七歲至九歲，至貧之家則止於十一歲，必命僧道去其童身名曰陣毯」。

因為所記荒誕離奇，人們將之等同於《鏡花緣》一類寫奇狀怪的書籍，讀後一笑了之。

人們都讚《真臘風土記》一書想像力豐富，《真臘風土記》從而得以流傳。

西元 19 世紀初期，法國開始入侵中南半島。

一個生性浪漫的法國人雷慕沙於西元 1819 年把《真臘風土記》譯成法文。

西元 1860 年，一個不怎麼浪漫的法國人讀了這本書，心情久久不能平靜。

這個法國人名叫亨利・穆奧（Henri Mouhot），是一個生物學家，同時也是一個探險家。

亨利・穆奧覺得，書中寫的應該是真實存在的。

在亨利・穆奧的眼裡，周達觀寫的一切全都那麼真實可感，又全都有跡可循。

這一年，亨利・穆奧做了一個影響他一生的決定：按照《真臘風土記》的描述，前往東南亞探險！

第五章　文化燦爛：元代的藝術發展

真臘，是隋及唐初對柬埔寨的稱呼。

柬埔寨在西元1世紀時即已建國，漢時稱「扶南」，隋及唐初稱「真臘」，中唐時稱「吉蔑」，元時稱「甘孛智」或「吉孛智」，明代萬曆以後稱柬埔寨。而柬埔寨人則始終自稱「吉蔑」或「柬埔寨」，「吉蔑」也譯作「高棉」，是種族名，「柬埔寨」是國家名。元代人周達觀著書稱「真臘」，是沿襲唐初時的稱呼。其實，在《真臘風土記》一書中，真臘人也稱中國人為「唐人」。

亨利·穆奧捧著周達觀的《真臘風土記》，從中國出發經南海、湄公河，風塵僕僕地來到了柬埔寨，按圖索驥，找到了洞里薩湖。但當他要進入充滿神祕氣息的熱帶雨林時，當地嚮導再也不能為他帶路了。因為茂密的原始森林裡，已經沒有道路可行了。

亨利·穆奧堅信《真臘風土記》所記不是神話，他孤身一人，披荊斬棘，昂然前行。

功夫不負有心人。

終於，歪斜門柱、倒塌佛塔、斷裂門梁和精美浮雕出現在亨利·穆奧面前。

亨利·穆奧被深深地震撼住了，他跪倒在地，從內心讚美：「此地廟宇之宏偉，遠勝古希臘、羅馬遺留給我們的一切，走出森森吳哥廟宇，重返人間，剎那間猶如從燦爛的文明墮入蠻荒！」

真臘原本是扶南古國北部屬國，西元 7 世紀自立，遷都吳哥，西元 9 至 14 世紀達到全盛，稱為吳哥時代。亨利‧穆奧所看到的，便是吳哥遺跡，是吳哥時代的文物精華。

吳哥時代是柬埔寨歷史的分水嶺，在達到輝煌的頂峰時期後開始走向衰落。

吳哥王國最強大的時候，版圖包括現在泰國的大部分地區以及寮國南部和越南西南部地區。

從西元 15 世紀開始，柬埔寨人和暹羅（泰國）的泰族人開始了長時間的爭戰，為了紀念某次勝利，吳哥改名「暹粒」，意為「打敗暹羅人」。但最後柬埔寨人還是被暹羅人打敗了。西元 1432 年，暹羅人擊破吳哥城，柬埔寨人放棄吳哥，遷往金邊，吳哥王朝由此衰落。吳哥窟被遺棄，湮滅在廢墟莽林之中長達四百多年。東邊的安南國滅占婆後入侵柬埔寨，柬埔寨夾在暹羅和安南兩個強國之間，如俎上肉，任由宰割。西元 17 世紀上半葉，柬埔寨被暹羅控制，安南人協助柬埔寨打敗暹羅，獲得的報酬是得到西貢。西元 18 世紀初安南駐軍柬埔寨，柬埔寨在暹羅的支持下反抗安南。西元 1864 年，柬埔寨接受法國的「保護」，向泰國取回馬德望、暹粒、詩疏風及東北地區，但未能收復安南占領的西貢。

《真臘風土記》所記是吳哥王國的見聞。夏鼐先生說，《真臘風土記》是現存的當時人所寫的關於吳哥極盛時代交通、城郭、風俗的唯一紀錄。

第五章　文化燦爛：元代的藝術發展

亨利・穆奧的努力，使隱沒了四百年的吳哥文明終見天日。

吳哥窟從此成了與中國長城、印度泰姬陵、印尼婆羅浮屠齊名的東方四大文明古蹟之一，為世人頂禮膜拜。

從某種程度上說，真臘作為一個已死古國，塵封了四百年，因為周達觀，得以神奇「復活」。

眾史家被一個元代的詞難倒，破解後引出一段宗教史

英華，字斂之，號安蹇齋主、萬松野人，滿族正紅旗人，滿姓為赫佳氏。

他是一個充滿神奇色彩的人物。

其神奇之處，在於他從搖煤球起家，成功地建構起了一個才俊滿門的貴族家族。

英斂之出身貧困，是一個搖煤球的旗人，靠撿廢紙練字，先被一個野道士誘拐為徒，後又被一書生攔下，成了書僮。陪同師傅為皇家千金上課，自由戀愛，成了愛新覺羅家族的乘龍快婿。從此平步青雲，養活了兄弟姐妹一大家子人，創辦了《大公報》和輔仁大學。

英斂之的孫子──著名畫家英若識在《英才輩出憑家風》

中這樣寫：祖父漢姓郁，名英華，字斂之，號萬松野人，西元1867年生於北京西郊溫泉。祖父自幼習武，後棄武從文。他天資聰慧，又勤學苦讀，文章和書法很快就小有所成。後來，祖父認識了一位學問出眾的教書先生，做了他的書僮。這位先生正在一戶愛新覺羅的後裔家裡教書，祖父也隨同到人家，和主人家的女兒愛新覺羅·淑仲一起學習。時間久了，兩人漸有好感，後來結為夫妻。戊戌變法時期，祖父投身到維新運動中，與中國近代啟蒙思想家嚴復是好朋友。戊戌變法失敗後，祖父流亡海外，一年後又悄悄回國。後來，慈禧太后為討好洋人，大赦了一批戊戌變法的重要人物，其中就有祖父。不過名單中沒寫姓氏，只寫了他的名「英華」。據說當時慈禧太后特意說了句：「把那個滿人英華也赦免了吧。」從此，全家族都隨祖父從郁改姓英。隨後，祖父帶著家眷來到天津，在嚴復的襄助下，西元1902年創辦了著名的《大公報》，祖父任第一任社長。西元1912年，祖父把《大公報》出讓給別人經營，回到北京香山隱居。

而根據英斂之本人的自述：「僕家世微寒，先代無達者，生長陋巷，耳目所逮，罔非俗物。」確是出身貧寒。又說：「僕一介武夫，不屑於雕蟲刻篆。頑石可掇三百斤，弓能挽十二力，馬步之射十中其九。每藉此自豪。然此等伎倆，見遺於社會，無補於身家，遂棄之。弱冠後知耽文學，則又以氾濫百家，瀏覽稗史侈淵博，甚至窮兩月之目力，讀《四庫提要》一

第五章　文化燦爛：元代的藝術發展

周,以足見其涉獵之荒矣。」英斂之確實有過一段棄武從文的經歷。其可舉三百斤的大石、挽十二力的強弓、馬上騎射十中其九,武藝可謂高強。又說:「迨弱冠前後,交結多窮苦無聊輩,酒酣耳熱,相與抵掌談天下事。」乃是熱血男兒。

史學家陳垣遷居到北京,曾經搜求明末基督教遺文,想模仿朱彝尊的《經義考》、謝啟昆的《小學考》,著作一部中國基督教史。

而在當時的北京,英斂之和馬相伯都是天主教皇甫、北京地區的宗教領袖、社會活動家,又是著名學者。他們兩人曾在西元1912年聯名撰寫〈上教宗求為中國興學書〉給羅馬教皇,請在中國北方設立公教大學。西元1913年,英斂之在北京香山靜宜園創辦了輔仁社,大量招收國內天主教會中青年學子前來研修,又組織主持宗教史研究。

陳垣要研究宗教,首先想找的就是這兩個人。

早些年,陳垣所參與創辦的《震旦日報》是由廣州聖心天主教堂副主教魏暢茂資助,陳垣家居近天主教堂,他不僅與魏副主教是朋友,還曾憑藉該教堂一法國神父介紹,到上海徐家匯拜訪馬相伯,和馬相伯算是熟人。但陳垣曾讀過英斂之所著《萬松野人言善錄》,知道他所收藏的天主教史文獻最多。

西元1917年,陳垣前往香山拜會英斂之。英斂之也很高興有這麼一個人願意研究基督教史,就把自己關於宗教的書都擺了出來,並出示了輔仁社當時正在研究的幾個課題:《唐景

教碑考》、《元也里可溫考》、《清四庫總目評論教中先輩著述辨》等。

這幾個課題中,最讓英斂之感到頭痛的是《元也里可溫考》。

「也里可溫」這一稱謂,僅見於元代著述,在元代以前是沒有這種稱謂的。多年以來,史家均不明這一稱謂的含義。

晚清年間興起西北史地之學,研究中國之西北地區與中國之關係,其中尤著重元史之研究,然而由於《元史》中多有蒙古語而難以了解;另外,由於當時駐外使節了解到西方各國均有蒙古之研究,且水準極高,因此引起了中國史學界對蒙古之重新研究,當中更藉助西方之學。

清代,侍郎洪鈞出使歐洲德、俄、奧、荷四國後,從西書輾轉譯成《元史譯文證補》,使中國學者驚嘆西方漢學研究水準之高,更一度掀起「非《元史》」之風。

洪鈞當時即在書中提出「也里可溫為景教之餘緒」。

景教,是唐朝人對基督教的稱呼,也是基督教史上第一次傳入中國時的稱呼。

民國初年,由於基督教在華再次興盛,對其在華歷史之研究亦隨之興起。當時輔仁文社便有研究也里可溫教者。

那麼,「也里可溫」是指什麼呢?到底是不是洪鈞所說的,「也里可溫為景教之餘緒」呢?

第五章　文化燦爛：元代的藝術發展

　　清乾嘉著名學者錢大昕學識淵博，考證極精，研治元史有很大成績。但他在自己所著的《元史‧氏族表》中卻說：「也里可溫氏，不知所自出。」

　　《元史》卷三〈國語解〉的解釋則是：「蒙古語，應作伊魯勒昆；伊魯勒，福分也；昆，人名，部名。」其卷二四又說：「也里可溫，有緣人也。」前後矛盾，可知其對「也里可溫」的含義並不了解。

　　可見「也里可溫」的真正含義是一個極難破解的謎團。

　　慶幸的是，晚清道光年間，一部成書於元至順年間，由丹徒包氏匯刻的宋元舊志《鎮江志》獲得重刻，為解讀「也里可溫」提供了重要依據。

　　在這本地方志裡，多處載有「也里可溫」的字樣。而負責校勘此書的學者劉文淇在《校勘記》中稱：「即天主教也。」

　　英斂之就是根據這一線索，擬定了《元也里可溫考》這一課題，想發動大家來考證劉文淇的論斷是否正確。

　　陳垣接受了這一課題，「歸而發篋陳書，鉤稽旬日，得佐證若干條，益於輔仁社諸子所得，比事屬辭，都為一卷」，寫出了自己的發軔之作《元也里可溫教考》！

　　他將英斂之的原課題《元也里可溫考》改名為《元也里可溫教考》，多了一個「教」字，乃是已經確鑿無疑地證實了劉文淇的說法，將元也里可溫歷史問題做了徹底解決。

為了證實自己的觀點，他所說的「佐證若干條」，其實是引用了近五十種文獻，除了正史，還有大量的文集、方志、碑刻、金石錄、書畫譜等，可謂史料詳備，功力深厚。

此外，他的論證手法獨具一格，既從多種視角展開系統的橫向論述，又以貫通的眼光從縱向論述宗教的淵源流變，言之鑿鑿、無可辯駁。

文章的開篇便擺出論點：此書之目的，在專以漢文史料證明元代基督教之情形。

先認定《元史》之也里可溫為基督教，再蒐集關於也里可溫之史料分類說明，以為研究元代基督教史者之助。其後，便介紹自清初以來，錢大昕、劉文淇、魏源等人對於也里可溫的論述，從錢大昕的疑惑不解，到嘗試著解詁闡釋，解為有緣的人、有福分的人、和尚道士、西洋人、景教徒、天主徒、基督徒，前人的舊說雖也在一步步接近正解，但止於詞語解釋而缺乏資料呈現和史實爬梳，陳垣透過自己廣泛的資料蒐集和精詳的分析，展示了元代也里可溫教之東來行跡，其戒律、人數、有名之人物，包括教徒「軍籍之停止」、「徭役之蠲除」、「租稅之徵免」，以及也里可溫教與景教之異同，及其在元代受到政府尊崇和遭遇異教摧殘的史實等，最終論證出：「也里可溫」即「敬拜耶和華者」；「也里可溫教」即基督教聶斯托里派的譯稱，也即元代時對於基督教各派的總稱。

原來，羅馬教廷曾於西元 1245 年至西元 1253 年間向蒙

> 第五章　文化燦爛：元代的藝術發展

古派出多明我會及方濟各會之宣教士聯絡。西元 1266 年，元世祖忽必烈更派馬可‧波羅之父及叔父返回歐洲向羅馬教廷請派宣教士。西元 1293 年，教廷方濟各會宣教士孟德高維諾（Montecorvino）到達元大都拜見忽必烈，在大都宣教，開始了元代基督教在華傳教之歷史，此教與唐代以來傳入中國的景教被合稱為也里可溫教。西元 1328 年，孟德高維諾死於中國，其在中國授有信徒三萬人，但主要以色目人為主，未能傳於漢人。及至西元 1368 年，朱元璋建立明朝，由於缺乏漢人信徒，元代也里可溫教便隨著蒙古統治的結束而終結。

重新打開基督教在華傳教事業的，是西元 16 世紀之耶穌會士。

陳垣此文，論述系統，考訂精審，資料詳盡，探明了在唐代景教流行至利瑪竇來華傳教這近千年間，基督教在中國發展存在一個重要時期。這不僅是利瑪竇以來所期冀得到了解的傳教史實，也是了解元代文化宗教發展的重要課題，因為元代文化中的重要因子就是基督教文明。它與漢族的佛道文明及儒學發展共同構成了元代文化中的中西拼盤以及西方文明，尤其是基督教文明在中華大地上的華化現象，堪稱一部元代基督教簡史。

也里可溫教為元代傳入之基督教一事，亦正式被中國史學界確認。

陳垣也因此文得享「中國基督教史研究開山祖」之譽。

陳垣校勘《元典章》飲譽海內，全因《元典章》價值巨大

「校勘」是目錄學的一部分，本身還算不上一門學問，但由於古籍年分長、版本不同，還有後人無意或有意的竄改，導致後來所印與前面所印有了許多出入，為了驗正誤、校真偽，還古籍以本來面目，就必須運用上校勘了。

從西漢末年劉向、劉歆父子校理群籍算起，校勘在中國已有二千餘年的歷史，可謂有著悠久的傳統。歷代學者在實踐中總結出不少有益的經驗，特別是宋代，已經有不少校勘學家對校勘經驗開始了有意識的歸納，如彭叔夏的《文苑英華辨證》、廖瑩中的《刊正九經三傳沿革例》等。

到了清代，考據學興，乾嘉諸儒以注經考史、校勘典籍為治學之依歸，出現了許多的校勘學家，校勘學有了長足的發展，《書目答問》之後就羅列校勘學家類目。在理論和方法上，都有總結、有論述、有實踐。

其中，顧廣圻、盧文弨等校勘古籍以善本，特別是宋元舊版為依據，強調保持原貌，注明異同而不加改動，後人稱之為對校派。段玉裁和王念孫、王引之父子等重視各種異文資料，依靠自己的學識，主張改正錯誤，後人稱之為理校派。

史學大師陳垣特別重視校勘學，他將劉向以來校勘學成果以及清人校勘學的觀點和方法融會貫通，使傳統校勘學走上科

第五章　文化燦爛：元代的藝術發展

學的軌道。

對於對校派與理校派，他都是有所取捨的，汲取他們的精華，去掉他們的偏見。

他的具體做法是：一方面，繼承了對校派使用的校勘方法，將版本依據，特別是把蒐集古本、善本放在重要位置，以多種版本對校，但同時又拋棄了對校派過分迷信宋元舊版的弊端。另一方面，他又繼承理校派注重通例、重視利用版本以外的各種異文資料、重視運用各學科知識訂正錯誤的方法，但同時去掉了他們容易忽視版本依據，只憑學識而出現臆改的缺陷。

另外，因清代文人校書多囿於經書和小學，於史籍著意不多，陳垣本人通熟史書，則很容易從校史入手，總結歸納校勘學的理論和方法，使之適用於各類古籍，具有普遍的指導意義。

他將自己在校勘過程中總結出的經驗和規律撰成了《元典章校補釋例》。

《元典章》是元朝的一種特殊的法律彙編。在元成宗朝，曾規定各地官府抄集中統以來的律令格例，作為官史遵循的依據。所以說，此書並非中央主持編定，而是地方官員自行編修，全名為《大元聖政國朝典章》，內容包括元世祖中統時期到元英宗至治二年（1322年）約六十年間各地地方官吏會抄的關於政治、經濟、軍事、法律等方面的聖旨條畫、律令格例以及

司法部門所判案例的彙編，分為前集和新集。前集六十卷，計詔令一卷、聖政兩卷、朝綱一卷、臺綱兩卷、吏部八卷、戶部十三卷、禮部六卷、兵部五卷、刑部十九卷、工部三卷，共十門，三百七十三目，每目分若干條格。新集不分卷，體例與前集不盡相同，有國典、朝綱、吏、戶、禮、兵、刑、工八門，門下分目，每目分若干條格。記載了大量的法律資料，內容極為豐富，對研究元代法制史和文化史都有重要的價值。

《元典章》的全部內容都由元代的原始文牘資料組成，文體別具一格，不僅使用一般的書面語，也常用元代的口語。在聖旨、令旨和省、臺公文中，使用的是以口語硬譯的蒙古語的特殊文體。比如，「肚皮」（賄賂）、「勾當裡交出去」（罷黜）、「名分」（官職，爵位）、「那般者」（照辦）、「大勾當裡去」（舉大事）、「可憐見」（恩賜），等等。

除了以口語硬譯的蒙古語佶屈聱牙之外，因為作者繁蕪，水準參差，錯誤很多，而且錯得離奇，就特別難懂。所以，清乾隆編《四庫全書》時，就棄之不取。

《四庫全書》不取，《元典章》元時雖有刻本，後世僅有抄本流傳，輾轉抄寫，脫漏訛誤更多，兼雜方言俗語，要全書通讀，就更困難了。

西元 1908 年，北京法律學堂刊行由沈家本作跋的刻本，世稱沈刻本，流傳相對較廣。

沈家本，字子淳，別號寄簃，吳興（今湖州）人，生於西

第五章　文化燦爛：元代的藝術發展

元 1840 年，清同治元年（1862 年）舉人，光緒九年（1883 年）進士，留刑部補官，通覽歷代法典與刑獄檔案，西元 1902 年受命主持修訂法律。

早在西元 1908 年，陳垣在廣州聚龍里方功惠處閱讀古書籍，裡面就有舊抄本的《元典章》。陳垣粗略閱讀，就認定這是一部「研究元代政治風俗、語言文字必不可少之書」（陳垣《元典章校補釋例》自序），愛不釋手，借回家讀了大半個月，只恨自己不能擁有此書。

沈刻本便是其「枕碧摟」內藏書所刻印，裝訂和印刷都極其考究、精美。

如陳垣所料，《元典章》的史料價值是極其巨大的，以《元典章》可以印證《元史》和其他史籍中的許多記載，也可以補充其他史料的不足；從《元典章》中更可以真切地了解元代各級政府處理政務的具體過程，尤其是能夠了解皇帝聽政的情況。

事實上，在當時，日本學界研究《元典章》的大小論著為數不少。巖村忍田中謙二有校本《元典章·刑部》出版。

西元 1913 年陳垣移居北京，偶逛書局，竟然邂逅了一部新刻的《元典章》，狂喜之下，買回家細讀。

有了此書，陳垣的成名之作《元也里可溫教考》得以從中多取史料。

陳垣也讚道：「六百年來，此書傳本極少。《元典章》既以

方言俗語故，擯而不錄，沈氏乃搜求遺逸，刊而傳之，其有功於是書何如！」(陳垣《元典章校補釋例》自序)

然而，沈本雖然繕刻精良，但謬誤很多。陳垣擬將此書重新考訂，但手頭又沒有其他版本的書可以校對，怎麼辦？

雖然如此，陳垣還是心癢難搔，按捺不住，嘗試著以本書自證，考出訛誤若干處，其中以目校書，有目無書又有若干處。

也是事有湊巧，隨著陳垣嗜書之名在京師傳開，有人時不時拿一些舊抄本來向他求售。

其中就有《元典章》！

陳垣打開一看，驚呆了，此本正是自己十多年前在廣州讀過的方功惠藏本！

他萬萬沒有想到，時經多年，這本書竟然在輾轉了數千里之後又出現在自己眼前！

真是天賜其便，我陳垣命中該得此書！

陳垣忍住內心的激動，花了大筆錢將書買下。

此後，相當長一段時間裡，陳垣就以方氏本檢校沈刻本，自娛自樂，補錄闕文一百一十餘條。

當然，單單以這兩本書互證是不能完整校補好全文的。但機會總是給有準備的人。

後來，陳垣又得到了一本闕裡孔氏藏影抄元本；西元1925

| 第五章　文化燦爛：元代的藝術發展 |

年，在整理清宮檔案資料中，陳垣更是在故宮齋宮裡意外發現了毛氏汲古閣藏元刻本；西元1930年好友傅增湘知他有校訂意向，專門郵借了上海涵芬樓藏吳氏繡谷亭影抄本；同時又得了南昌彭氏知聖道齋抄本。

這樣一來，陳垣已經有五種本子可與流行於世的沈刻本校對了。

西元1930年，陳垣「乃與門人那君志廉、胡君庸日就壽安宮對校，暑假後姜君廷彬、葉君德祿續加入焉。自五月十九日始，至八月五日止，故宮一部校畢。繼而以諸本互校，知元本誤處，經諸家校改，時有異同，欲求一是。往往因一名之細，一字之微，反覆參稽，竟至累日。間有不能決者，則姑仍其舊」，共校出沈刻本《元典章》偽誤、衍脫、顛倒等一萬二千餘條。

《元典章校補》完稿後，陳垣尚擔心有遺漏，又於西元1930年11月6日寫信給居住在南京的柳詒徵，請代檢沈刻底本杭州丁氏本，信中說：「前因蒐集元代史料，得汲古閣毛氏及錢塘關氏、高郵王氏、南昌彭氏、巴陵方氏等各家所藏《元典章》，遂為董刻《元典章校補》，書凡十卷，已付梓矣。唯董刻據稱出身杭州丁氏，丁氏今藏缽山，甚願先生就近一查，丁氏原書是否亦有闕佚，抑丁氏原本無闕，而董刻獨自遺漏也。今將所欲求指示者開列於後，不吝賜教為幸。」

《元典章校補》完稿後，又將其中的一千多條加以歸納、整

理，找出其錯誤原因，為例五十，分六卷，著成《元典章校補釋例》一書。

他說：此書「非僅為糾彈沈刻而作」，而是「將以通於元代諸書及其他諸史」，並能「於此得一代語言之特例，並古籍竄亂通弊」（《元典章校補釋例》自序）。由此看出，他所做的這一工作，非僅為校勘《元典章》一書，而是以它作為典型資料，有目的地總結校勘的一般規律，使學校勘的人知道在校勘中可能遇見哪些問題，如何分辨是非。

《元典章校補釋例》橫空出世，中外學界為之震驚。

在北大、清華兩校講授校勘學的清華大學教授劉文典看到此書後興奮不已地寫信給陳垣，稱讚說：「深佩先生校訂古籍之精而勤，與方法之嚴而慎。凡研討元代典章制度者固當奉為南針，即專攻版本校勘之學者，亦當謹守先生所用之法則也。」從此將該書存放在兩校系研究室供師生學習。

孫楷第稱：「《元典章釋例》捧閱再三，體大思精，蓋為絕學，讀之忻驚無似！清儒校勘最精，從無開示體例如公之此書所為者。」

胡適為此書作序，稱「這部書是中國校勘學的一部最重要的方法論」、「是新的中國校勘學的最大成功」，推崇備至。

第五章　文化燦爛：元代的藝術發展

▍此宋元之交的史學家替《資治通鑑》作注，抒發憂憤

大史學家陳垣在抗戰後期寫有一本極其重要的書——《通鑑胡注表微》。

陳垣本人後來在西元 1957 年為該書寫〈重印後記〉時，稱它是自己「學識的里程碑」。

其弟子白壽彝也稱：這部名作是陳垣「所有著作中最有代表性的作品，其中有不少值得我們好好挖掘的東西」。

這部書，單從書名上看，共有三個詞語：通鑑、胡注、表微。

通鑑，指北宋司馬光所主編的長篇編年體史書《資治通鑑》。此書共二百九十四卷，三百萬字，記載自周威烈王二十三年（西元前 403 年）至五代的後周世宗顯德六年（959 年）共一千三百六十二年史事，目的是「鑑於往事，有資於治道」，從漫長的歷史中總結成敗得失以作為鑑戒，供統治者借鑑。

胡注，指的是宋元之際著名的史學家胡三省為《資治通鑑》所做的注釋。

胡三省，浙江寧海人，生於西元 1230 年，亡於西元 1302 年，是宋理宗寶祐四年（1256 年）進士。這一年的進士有文天祥、陸秀夫、謝枋得，此三人，均為千秋忠烈之輩。

曾擔任輔仁大學校長的陳垣在西元 1937 年的《輔仁年刊》創刊作序時，曾題：「夫自昔登科題名之錄眾矣。而宋紹興十八年、寶祐四年登科諸錄，獨重於世，豈非以其中有令人可景仰之人哉！」以寶祐四年科的忠烈士人激勵輔仁學子。

　　胡三省原名滿孫，字身之，號梅澗，有兄弟五人，排行第三，後取《論語》「吾日三省吾身」一句，改名三省。

　　宋亡後，胡三省回鄉隱居，心懷亡國之痛，說司馬氏編年記事非冷峻不露聲色，其忠憤感慨，時有流露，「編年豈徒哉」！以畢生精力研覃史學，嘔三十年心血，全面辨析《資治通鑑》箋注，終於完成史學鉅著《資治通鑑音注》。

　　《資治通鑑音注》共二百九十四卷，與《資治通鑑》正文相當，對於《通鑑》涉及的名物、制度、地理、職官以及記事，進行大量的注解，詮釋其音義、考訂其異同、校勘其訛脫、辨明其史實，所引資料皆注明來源，考證詳備，不僅增補大量史實，也為閱讀《通鑑》提供了極大的便利，具有極高的學術價值。

　　表微，出自《禮記‧檀弓下》中的：「君子表微。」東漢大儒鄭玄作注為：「表，猶明也。」意即表明微細的、隱而不現的人或事。

　　《通鑑胡注表微》，就是將為《資治通鑑》作注的胡三省及胡三省的《資治通鑑音注》那些微細的、不易為人發覺的閃光點予以彰顯。

第五章　文化燦爛：元代的藝術發展

陳垣說了，撰此書，是為闡發胡三省「有感於當時事實，援古證今」的思想。

陳垣之所以有迫切的「表微」衝動，主要是身在淪陷區的北平，在日偽的統治下，與幾百年前的胡三省有相似的遭遇，對胡三省當日的所思所想，感同身受。

他開始思考，像胡三省「這樣一位愛國史學家是在長時期裡被埋沒著，從來就沒有人為他寫過傳記。到清朝，有人認為他擅長地理，有人認為他擅長考據，才偶然提到他。至於他究竟為什麼注《通鑑》？用意何在？從沒有人注意，更沒有人研究」。

他以痛苦的心情反覆閱讀《通鑑》和胡注，當讀胡三省在後晉開運三年（946年）下面有這樣的評注：「臣妾之辱，唯晉宋為然，嗚呼痛哉！」又曰：「亡國之恥，言之者痛心，矧見之著乎！此程正叔所謂真知者也。天乎人乎！」便生出歷史與現實的許多感慨，深切體會到胡三省在宋亡以後元軍統治下的悲憤心情。

陳桓指出，這裡原本記載的是契丹入主中原的事，後晉出帝石重貴被擄往北方的黃龍府，這種事情在北宋末年上演了一次，而南宋末年又覆上演了一次，胡三省目睹南宋破滅的全過程，讀到後晉亡國這一段，不禁悲從中來，泣筆長呼：「嗚呼痛哉！」

陳垣「慨嘆彼此的遭遇，忍不住流淚，甚至痛哭。因此決心對胡三省的生平、處境，以及他為什麼注《通鑑》和用什麼方法來表達他自己的意志等，做了全面的研究。」

他要透過對胡注的發微,揭示胡三省當時的處境、抱負和心情,表彰其學術、思想和氣節,同時,也是實現自己「有意義之史學」,表達出應有的民族氣節和中國必勝的信心。

從西元 1944 年開始,經過兩年多時間,終於寫成了《通鑑胡注表微》。

胡三省在注文中稱宋朝必稱「我朝」、「我宋」、「本朝」、「吾國」、「國朝」,表明了他對故國之情至深至厚。

因此,在《通鑑胡注表微》第一篇〈本朝篇〉,陳垣便開宗明義:「本朝謂父母國。人莫不有父母國,觀其對本朝之稱呼,即知其對父母國之厚薄。胡身之(胡三省字)今本《通鑑注》撰於宋亡以後,故《四庫提要》稱之為元人。然觀其對宋朝之稱呼,實未嘗一日忘宋也。」

陳垣又在〈校勘篇〉中說:「不諳身之(胡三省字)身世,不能讀身之書也。」唯其如此,表微才能將胡三省有意隱藏在注文中的當時不便明言的微言大義順利發掘。

他在〈解釋篇〉中徵引史料,將胡三省隱藏在注釋裡的思想如實地揭示出來。

又在〈考證篇〉裡和盤托出自己的研究原則和思路:「清儒多謂身之長於考據,身之亦豈獨長於考據已哉!今之表微,固將於考據之外求之也。」

整體而言,《通鑑胡注表微》主要表達了以下三種內容:

第五章　文化燦爛：元代的藝術發展

一、講恢復，中國不亡。

二、強調熱愛故國，講民族意識。

三、反覆說胡三省淡泊、不貪富貴，不愛上書，不喜多說，亡國後與政治斷絕。

如上文提到的胡三省在《資治通鑑》注契丹滅後晉之事，云：「亡國之恥，言之者痛心，矧見之者乎！此程正叔所謂真知者也，天乎人乎！」

陳垣將該注表微：「人非甚無良，何至不愛其國，特未經亡國之慘，不知國之可愛耳！身之身親見之，故其言感傷如此。」

這一句話，既可看成是對胡三省所注感慨的表微，也可看作是陳垣自己的感慨，二者況味相同，已不可分。此類表微之語，既是胡三省的隱衷，亦是陳垣的心事。

又如，胡三省對《資治通鑑》所載南朝梁邊防將官「皆無防寇之心，唯有聚斂之意。其勇力之兵，驅令抄掠，若遇強敵，即為奴虜；如有執獲，奪為己富」，慨然下注曰：「自古至今，守邊之兵，皆病於此。」

陳垣將該注表微：「今者謂身之當時。嗚呼！豈特當時哉！凡守邊之兵，日久則懈，懈則一擊而潰，每至不可收拾，身之蓋有所指也。」、「蓋有所指」幾字，明顯是指責中國當政對日軍的不設防、不抵抗。

又,《資治通鑑》中寫隋文帝時,宇文氏的千金公主請求和親事:「突厥沙缽略可汗數為隋所敗,乃請和親。千金公主自請改姓楊氏,為隋主女。隋主遣開府儀同三司徐平和使於沙缽略,更封千金公主為大義公主。」

胡三省的注釋是:「千金公主,宇文氏,請於沙缽略,欲復仇。及兵敗於外,眾離於內,乃請為隋主女。更封以『大義』,非嘉名也,取『大義滅親』云爾。」

陳垣為該注表微:「自晉元渡江,訖宇文氏之滅,河北淪陷者,二百七十餘年,至是復歸中國。《春秋》大義,國仇百世可復,隋蓋為中國復仇也。千金公主乃欲復宇文氏之仇,故隋以大義封而滅之。身之釋大義,其說新而切。」

又,《資治通鑑》記唐憲宗時,彰義軍節度使吳少陽父子割據淮西,民不堪其苦,至裴度為相,戰局遂為改觀,裴度入駐蔡州後,仍舊用蔡州兵作為親卒,有人勸他,蔡州兵新降,其心難測,不可輕信,裴度大笑道:「元惡既已成擒,蔡的軍民就是我的軍民,有什麼值得懷疑的!」由是「蔡人聞之感泣。先是吳氏父子阻兵,禁人偶語於途,夜不燃燭,有以酒食相過從者罪死。度既視事,下令唯禁盜賊,餘皆不問,往來者不限晝夜,蔡人始知有生民之樂」。讀此段,胡三省欣然作色,下注稱快:「解人之束縛,使得舒展四體,長欠大伸,豈不快哉!」陳垣表微發表議論,道:「其言似肆,然『猶解倒懸』已見於《孟子》。身之當時之處境,概可見矣。」

第五章　文化燦爛：元代的藝術發展

此外，又如胡三省對《資治通鑑》「且屠大梁」一語詳加注釋說：「屠，殺也。自古以來，以攻下城而盡殺城中人為屠城，亦曰洗城。」胡三省為什麼要對一個淺顯易懂的詞語不厭其煩地下此注釋？

陳垣表微說：「屠城之義甚淺，而重言以釋之者，有痛於宋末常州之屠也。」

又如「草市」一詞，通常指的就是賣柴草的集市。胡三省卻注釋說：「時天下兵爭，凡民居在城外，率居草屋，以成市裡。以其價廉功省，猝遇兵火，不至甚傷財以害其生也。」

陳垣表微說：「百聞不如一見，非身親其事，不能言之親切。身之生亂世，故獨能了解兵爭時事。」

……

可以說，胡三省名為替《資治通鑑》作注，卻處處在抒發蒙元滅宋之痛。

● 元朝不許漢族人取名字是真的嗎？為什麼？

別信，這是謠言。

按照謠言的說法，元朝統治者不但不讓朱元璋家人取名字，而且不讓所有的漢人取名字。

這樣的謠言，也真敢造！

您去查《元史》，有名有姓的漢人數得過來嗎？

所以說，這樣的謠言，既低劣，又低階。

想不到，居然有人信！

我覺得，有人提出「元朝老百姓不上學和當官就沒有名字」這種怪論，是受晚清學者俞樾的影響。

說起俞樾，很多人很陌生，但他有一個曾孫，因為研究《紅樓夢》，也因為和胡適、魯迅打過筆墨官司，比較出名，可能大家會聽說過他的名字，叫俞平伯。

還有，近代大師章太炎、吳昌碩等人都出自俞樾門下，所以，俞樾算是個有料的人。

對我而言，我最早知道俞樾這個人的，是他修改了《三俠五義》，並改書名為《七俠五義》，大大加劇了該書的流行度。

俞樾有一部閒作《春在堂隨筆》——為什麼說是「閒作」呢？其實您看書名，「春在堂隨筆」中「隨筆」二字，就應該想像得到了，這是一部漫不經心的著作，並不追求科學性、學術性，就是隨便寫寫，身邊事、眼前景、心中意，信手拈來，想寫就想，有生活氣息、有生活趣味就行。

所以，書中說的許多東西，稍加玩味，付之一笑就好，不必太認真。

在該書卷五，俞樾記錄了自己與另一個學者徐誠庵的某次閒談。

第五章　文化燦爛：元代的藝術發展

徐誠庵說，他曾經在自己的蔡氏同鄉那裡閱讀到一份《蔡氏家譜》，家譜上寫有一行小字，大意是說：元朝有制度，庶民無職者，不許取名，只能以兄弟間的排行和自己出生時父母的歲數相加為名。

俞樾就覺得很奇怪，認為「此制於《元史》無證」，不過，根據明太祖朱元璋及其兄長等人的名字來看，還是很符合《蔡氏家譜》這種說法的。而且，紹興鄉間也有這種以夫妻歲數相加為孩子命名的習俗，即《蔡氏家譜》的說法頗有道理……

就這樣，有人一口斷定「元朝老百姓不上學和當官就沒有名字」。

但是，人家俞樾說的話還沒有完，還有下文。

俞樾專門就明朝開國勳臣進行了一番考證。

他發現，開平王常遇春的曾祖為「四三」，祖父名「重五」，父親名「六六」；東甌王湯和的曾祖名「五一」，祖父名「六一」，父親名「七一」，都是以數字為名。

但是，南宋人洪邁所著《夷堅志》中記載的宋時雜事，有提到興國農民熊二、鄱陽市民劉十二、雲南田夫周三、鄱陽小民隗六、雲符離人從四、雲楚州山陽縣漁者尹二、解州安邑池西鄉民梁小二、臨川人董小七、徽州婺源民張四、黃州市民十六、鄱陽鄉民鄭小五、金華縣（今浙江省金東區）孝順鎮農民陳二……這些，都是以數字為名的平頭百姓。

所以，俞樾認為：「按言姓第，不言姓名，疑宋時里巷細民，固無名也。」

看到了吧？俞樾並不認為「元朝老百姓不上學和當官就沒有名字」，而懷疑這是宋朝時就有的民間習俗，並非元朝的制度。

想想也對，管天管地，您還管人家取名字嗎？

不許天下平民取名字，這不是赤裸裸地結民怨嗎？

嫌自己死得不夠快嗎？

自古以來，會有這樣變態的統治者嗎？

根本不可能的事嘛。

之所以造成常遇春的曾祖為「四三」，祖父名「重五」，父親名「六六」；湯和的曾祖名「五一」，祖父名「六一」，父親名「七一」這種怪現象，歸根到底，就是自己學識低，不識字，只能用數字代替。

也就是說，取名字，那是您的自由；您自己不起或用數字代替，那是您自己的事，不要怪別人。

唐代大詩人白居易排行二十二，人稱白二十二，他作有〈同李十一醉憶元九〉、〈問劉十九〉、〈雨夜贈元十八〉等詩，人名都是數字組成的，您不該也認為「唐朝上學和當官了都沒有名字」吧？

搞笑。

第五章　文化燦爛：元代的藝術發展

●「元朝十戶一把菜刀」是否真有其事呢？

對刀具實施管制，哪朝哪代都會有，不單單是為了防範民眾作亂，威脅到統治階層的地位，同時也有利於地方治安，防止惡性犯罪事件發生。

舉個很容易理解的例子。

古代民間出現了入門搶劫的惡性事件，負責維持治安的捕快前往跟犯罪分子對峙，如果彼此武器相等，都是大刀長矛，但一方是捨命求財的亡命之徒，負隅頑抗，做困獸之鬥；一方是上有父母、下有妻小的良家子弟，奉命緝盜，不過是履行公事，那麼，在接下來的搏鬥中，可以很容易判斷出會是哪一方獲勝。

所以，統治階層收繳和管制民間持有刀具的做法，應該得到每一個擁護法治、法制的公民的理解和支持。

很多人讀了《水滸傳》，認為宋朝管得比較鬆，不禁民間兵刃，但查北宋開寶五年（970年）公布的禁令：「京都士庶之家，不得私蓄兵器。」

該禁令還在淳化二年（991年）、景祐二年（1035年）、慶曆八年（1048年）、嘉祐七年（1062年）反覆予以強調、重申。

甚至，宋朝不但管制兵器，還將天文兵書一類的書籍列為禁書，景德三年（1006年），宋真宗下詔稱「天文兵法，私習有刑」，即刑罰讀該類書者。

所以,元朝管制民間刀具,實無可厚非。

《元史‧刑法志》有明確規定:「諸雜造局院,輒與諸人帶造軍器者,禁之。」、「諸打捕及捕盜巡馬弓手、巡鹽弓手,許執弓箭,餘悉禁之。諸漢人持兵器者,禁之;漢人為軍者不禁。諸賣軍器者,賣與應執把之人者不禁。諸民間有藏鐵尺、鐵骨朵,及含刀鐵拄杖者,禁之。諸私藏甲全副者,處死。」

但大家也應該看得清清楚楚,這裡說的刀具,是指軍器,指弓箭、鐵尺、鐵骨朵及含刀鐵拄杖、盔甲等軍用器材。絕不是指切菜用的菜刀,以及砍柴刀、屠宰刀等。

所以,說元代漢人「十戶一菜刀」,不過是以訛傳訛的謠言。

謠言的最早出處,極可能是由崔高維執筆編寫的《歷代農民起義史話》。

話說,在西元 1958 年,由歷史學家吳晗牽頭,創議編一套大型普及性歷史知識讀物《中國歷史小叢書》,該叢書含近三百種,《歷代農民起義史話》為其中之一。

元代漢人「十戶一菜刀」的說法就出自「元末農民大起義」這一章。

但是,查任何元朝官方史料,都沒有這一種說法。

反倒很多可查事件可以推翻這一說法。

不信?我們來看《元典章》中收錄的一個案例,原文如下:

第五章　文化燦爛：元代的藝術發展

冠氏縣申：歸問到張記住狀招：至元五年七月十二日晚，記住於驢屋內宿睡餵驢，妻王師姑於西屋北間宿睡。至五更起來，見妻王師姑對母阿高告說：「伊姑舅兄楊重二來房內暗地欺騙我來。」以此挾恨，將楊重二用刀子扎死。

王師姑與張記住招狀相同。

狀稱：當夜五更，師姑床上睡著，有人將師姑驚覺。想是夫張記住，以此道：「明也，不做生活去啊，卻來睡則麼？」本人不曾言語，上床將師姑奸罷，師姑將手摸著頭禿，才知是楊重二。本人走了，告說婆阿高。是實。

法司擬：舊例，強姦有夫婦人者絞。今被張記住用刀子扎死，即是殺死應死人。捕罪人已就拘收，及不拒捍而殺，各從鬥殺傷法。用刃者以故殺傷論。罪人本犯應死而殺者徒五年。其張記住合徒五年，決徒年杖一百。部擬：杖一百七十下。省準。斷訖。

這個案例說的是：冠氏縣（今山東省冠縣冠城鎮）有一個名叫張記住的養驢專業戶，其在至元五年七月十二日晚上在驢舍餵驢、守驢，留下妻子王師姑在西屋北間獨睡。哪料，張記住的姑舅表兄楊重二來了，偷摸入屋玷汙了熟睡中的王師姑。王師姑開始時以為是丈夫，到後來摸到楊重二的頭，發現是生了癩痢的禿頭，又羞又氣，跑向婆婆阿高氏的房內哭訴。張記住知道此事後，拎刀子把強姦犯楊重二捅死了。

最後，判罰的結果是：強姦有夫之婦的人，應該判處絞

刑，但楊重二已被張記住用刀子扎死，即是應死人已被殺死了。張記住殺人，按「用刃者以故殺傷論」，杖一百七十下。

案例並不複雜，但我們應該注意其中兩個細節：第一，張記住家裡有刀，而從其「扎」死罪犯而不是「砍」死罪犯的行為看，甚至還不是菜刀，很有可能是屠宰牛驢的屠宰刀；第二，官府對張記住的處罰只針對其殺人行為，而對其家裡擁有屠宰刀之事一字不提。

據此可知，元代漢人「十戶一菜刀」的說法實為無稽之談。

一本莫名其妙的奇書橫空出世，牽扯出的一則悖論讓無數人羞憤不已

話說，康熙五十二年（1713 年）四月，康熙帝突然心血來潮，向位居六部之首的吏部尚書張鵬翮詢問：「流賊張獻忠入蜀，殺戮甚慘，蜀人曾有記其事之書籍否？」

張鵬翮本身就是蜀人，他的原籍是在四川潼川州遂寧縣黑柏溝（今四川省蓬溪縣），聽了皇帝發問，趕緊「喳」的一聲跪下，兩手甩袖，響亮地答：「無有記其事之書籍。」

康熙帝陰森一笑，說：「爾父今年八十有七，以張獻忠入蜀時計，當時其約已十七八歲，必有確然見聞之處，爾問明繕折進呈。」

第五章　文化燦爛：元代的藝術發展

康熙帝說得不錯，張鵬翩的父親張烺出生於天啟七年（1627年），身逢亂世，見證了明清交替之變，並且又熟習文墨，正適合敘述張獻忠屠蜀之事。

張鵬翩沒辦法，回家向老父親秉述了皇帝的旨意。

張烺義不容辭，揮毫潑墨，用了兩年時間寫成《爐餘錄》一書，由兒子張鵬翩繕疏上聞，盡述自己在明清之際八十餘年見聞，其中對張獻忠據蜀記載極詳，實為最可信、最珍貴的親聞、親見、親歷的「三親」史料，對研究明史、清史、中國戰爭史、中國人口史均極有價值。

時間將近過了兩百年，即清朝末年，社會上突然又冒出了一部書名同為《爐餘錄》的奇書，著作者卻不是張烺，而是徐大焯；書中內容記的不是明末清初事，而是北、南兩宋之事。

之前，任何人都沒聽說過「徐大焯」這個名字。

但在這本同樣名為《爐餘錄》的書中，人們可以看到，這個「徐大焯」是個「南宋蘇州城北遺民」。

徐大焯版《爐餘錄》共分兩卷，甲編所記內容自稱大半出自其先世筆記，多奇談怪論；乙編則盡記吳中之事，但卻與《吳郡志》、《中吳紀聞》裡面的記載對不上，讓人生疑。

略舉幾例。

數百年來，人們對宋初「燭影斧聲」奇案說法不一，雲鎖霧罩，不得要領。

徐大焯版《燼餘錄》卻寫得言之鑿鑿，而且香豔生動：宋太祖趙匡胤病重，其弟趙光義前來探病，垂涎於在病榻前侍候的妃子花蕊夫人，一時衝動，欲行不軌，結果驚醒了沉睡中的皇帝哥哥，趙光義不得已，痛下殺手……

讀過演義小說《說唐》的人，一望而知這故事是抄自楊廣在隋文帝病榻前逼姦宣華夫人的橋段，手法實在低劣。

還有，徐大焯版《燼餘錄》有模有樣地敘述了一通北宋楊家將的事蹟，但其中「延昭子宗保，官同州觀察，世稱楊家將」一句，一下子就暴露了其作偽的老底。

查宋人《隆平集》及《宋史·楊業傳》可知，楊延昭的兒子名叫楊文廣，楊宗保和穆桂英大破天門陣等事蹟，最早見於明代嘉靖年間熊大木所著英雄傳奇小說《北宋志傳》，楊宗保和穆桂英均屬明朝人的虛構。

那麼，這個自稱南宋蘇州的「城北遺民」徐大焯，身分可疑。

近代眾多學者經過考證，一致認為這個徐大焯版《燼餘錄》其實是一本偽書。

但徐大焯版《燼餘錄》現世之初，很多人都以為它和張炘版《燼餘錄》一樣，是最可信、最珍貴的親聞、親見、親歷的史料，對其中所說事件深信不疑。

比如，其中寫的蒙古兵殺戮蘇州無辜百姓的描述，稱：「北

第五章　文化燦爛：元代的藝術發展

兵之禍，殺戮無人理，甚至縛稚童於高竿，射中其竅者賭羊酒。亂後撿骨十餘萬，葬於桃塢西北周書橋，題名曰萬忠。」

讀了這條，大家都會異口同聲齊罵蒙古人傷天害理，沒有人性。

又比如，徐大焯版《燼餘錄》中說：「鼎革後，編二十家為甲，以北人為甲主，衣服飲食唯所欲，童男少女唯所命，自盡者又不知凡幾⋯⋯鼎革後，城鄉遍設甲主，奴人妻女，有志者皆自裁。」

按照這一條文的說法，說的是由宋入元後，城鄉都實施保甲制，每二十戶為一甲，由蒙古人擔任甲主。這個甲主在自己管轄的甲戶中作威作福、奴人妻女，為所欲為。

這則「記載」已經夠讓人義憤填膺的了，偏偏人們在口耳轉述時，又添油加醋上許多猛料，最後被加工為這樣的說法：蒙古人在數量上遠少於漢人，為了能在數量上迅速成長，他們發表了一個惡毒的政策，即實施保甲制，每二十戶為一甲，由蒙古人擔任甲主，這個甲主占有所管甲戶漢族新娘的初夜權──漢族女性在新婚之內的三天時間內，新郎不許碰她，而必須送她伺候甲主三天，才允許迎歸家裡。蒙古人認為，這麼一來，這個漢族女子生下的孩子就帶有了蒙古人的血統，長此以往，蒙古人的數量就可以接近漢族人了。但漢族人為了粉碎蒙古人這一夢想，但凡新娘生下的第一胎孩子，都通通摔死⋯⋯

這真是一項駭人聽聞的惡性政策！

清朝末年的無數漢人聽了這一惡性政策，無不羞憤交加。

有些熱血男兒，甚至因為這個，血管差點要氣爆，恨不得馬上拎起刀子去替祖先報仇。

但是，這樣的「紀錄」、這樣的傳聞，謬誤極多，根本就經不起推敲。

比如第一條提到的「亂後撿骨十餘萬」，根本就是虛妄之詞。

當初，元世祖忽必烈南征南宋，曾下詔令：「辜之民，初無預焉，將士勿得妄加殺掠。」並且叮囑南征軍統帥伯顏說：「古之善取江南者，唯曹彬一人。汝能不殺，是吾曹彬也。」

所以，元軍在江南殺戮並不重，各地大多望風歸降。

而且，查《元史・伯顏傳》可知，蘇州「都統王邦傑，通判王矩之率眾出降」，根本就沒發生有徐大焯版《燼餘錄》中寫的籠城戰。

至於第二條，史學家曾指出說：「考里甲組織是明代制度（始於洪武十四年），元代根本無此制。元代行的是鄉社組織，其法以五十戶為一社，以當地曉農事者一人為之長。社置常平義倉一，以社長主之。」

至於那個「一戶蒙古人管理二十戶漢人」的說法，另一史學家舉了個例：元代盛時的集慶路，也就是明朝的南京，共有

| 第五章　文化燦爛：元代的藝術發展

　　二十二萬五千四百戶，其中蒙古戶僅十四戶；鎮江路有十萬零六十五戶，其中蒙古人僅二十九戶。按照這些數字，根本就不可能是「一戶蒙古人管理二十戶漢人」，而應該是「每戶蒙古人管理七千六百戶漢人」，如此數目巨大的「初夜權」，蒙古人是享用不過來的。

　　臺灣著名蒙元史專家蕭啟慶先生更著眼於統計全國人口，認為元代人口約為一億兩千萬，而入居中原之蒙古族人至多是三十餘萬，以一億兩千萬總人口中有一億為漢人計，則漢蒙人口比例為 3,333,333：1，以此懸殊之人口比例，「一戶蒙古人管理二十戶漢人」，實在是無法想像。

　　一句話，「一戶蒙古人管理二十戶漢人」的「保甲制」根本就不可能實施，「初夜權」的故事只能是天方夜譚！

第六章
亂世英雄：
權謀與爭鬥

第六章　亂世英雄：權謀與爭鬥

● 朱元璋最欣賞的元朝大將

眾所周知，明太祖朱元璋在逐鹿中原、開創大明王朝過程中，最為倚重的兩大幫手就是徐達和常遇春。

雖說徐達是百年難遇的帥才，但常遇春的能力似乎更全面一些，既可運籌帷幄，也可衝鋒陷陣，且罕有敗績。

所以，要論朱元璋對這兩人中哪一個更為喜歡，應該是常遇春。

這一點，包括朱元璋身前身後一眾文武百官，無不心知肚明。

可是，某日酒後，朱元璋突然問手下文武官員：「天下奇男子誰也？」

大家異口同聲：「常遇春將不過萬人，橫行無敵，真奇男子。」

朱元璋卻搖頭大笑說：「遇春雖人傑，吾得而臣之。吾不能臣王保保，其人奇男子也。」

王保保乃是蒙古伯也臺部人，其父為元翰林學士、太尉賽因赤答忽，母親是元末將領察罕帖木兒的姐姐，其本人的蒙古名為「擴廓帖木兒」，意為「青鐵」。

察罕帖木兒是元廷最後一根擎天大柱，他在被刺殺前一年，大敗劉福通、韓林兒的韓宋政權，一舉收復河南、山東等

地，威勢赫赫，氣焰張天。朱元璋迫於他的威勢，一度萌生降元之想，曾遣使與之通好。而當察罕帖木兒意外被刺，朱元璋收到消息，奪口而出：「元廷無人矣！」遂有了收取天下之意。

察罕帖木兒死，其外甥兼養子王保保被封為太傅、中書右丞相、河南王，襲其位、領其軍，平定中原，駐兵於汴梁、洛陽一帶，被元廷倚若長城。

就因如此，明太祖朱元璋譽之為「天下奇男子」，先後寫了七封書信招降。

王保保從山西一直退出漠北，對朱元璋的招降均不答。

朱元璋在王保保的老家河南沈丘俘獲到王保保的妹妹王氏，因激賞王保保其人，自作主張，把王氏許配給了自己的第二子朱樉。

《明實錄》卷六十八中記：洪武四年九月，「冊故元太傅中書右丞相河南王保保女弟為秦王妃」。

朱樉是朱元璋非常看重的一個兒子，封秦王，領兵駐守西安，鎮守明朝西北邊疆。

朱元璋此舉，一方面是繼續招降王保保，另一方面也是向王保保致敬。

能成為天子的兒媳婦，應該是一件天大的喜事，但王氏卻不卑不亢地進行了抗議。

《國初群雄事略》載：「時妃有外王父喪，上命廷臣議之。」

第六章　亂世英雄：權謀與爭鬥

當時元朝駐守在雲南的王保保的外祖父梁王阿魯溫死，王氏以「外王父喪」為由，婉拒婚事。

但禮部尚書陶凱以「大功以下，雖庶人亦可成婚，況王妃無服」為由，進行了批駁。

朱元璋於是置「外王父喪」於不顧，正式釋出冊書，冊王氏為秦王正妃。

冊書中稱：「朕君天下，封諸子為王，必選名家賢女為之妃。今朕第二子秦王樉年已長成，選爾王氏，昔元太傅中書右丞相河南王之妹，授以金冊，為王之妃。爾其謹遵婦道，以助我邦家。」

王氏嫁給秦王朱樉後，相繼生下了三個兒子。

洪武二十八年，秦王朱樉薨，由於其在生前屢次犯錯誤，朱元璋親自定其含有一定貶義的諡號──愍。

但畢竟愛子心切，朱元璋隨後指定王氏為兒子殉葬。

《明史・秦王傳》載：「（秦王）其妃為元河南王王保保女弟……洪武二十八年秦王薨，……王妃殉。」

王保保大概在洪武九年前後已經病逝，且北元殘餘勢力經過洪武二十一年的捕魚兒海戰役，已基本被肅清，所以王氏的存在與否已經不重要了。

此元末梟雄曾稱帝，姓氏幾不為後世所知

明玉珍是隨縣（今湖北隨州）人，沒讀過多少書，投身到農民軍中，帶兵打仗無師自通，擔任了西系天完紅巾軍徐壽輝麾下統兵征虜大元帥後，不但仗打得有聲有色，處理政務也是井然有序。

至正十五年（1355 年）春，明玉珍奉徐壽輝之命，領兵萬餘，由巫峽引兵入蜀，取重慶、克嘉定（今四川樂山），數年之間，便據有川蜀全境。

在明玉珍略蜀期間，陳友諒弒殺徐壽輝，建立了漢政權。

明玉珍怒陳友諒破壞逐元大業，為故主徐壽輝立廟，據川蜀稱帝，建國號大夏，定都重慶，建元天統，以其子明昇為皇太子。

明玉珍仿效宋元官制，改六卿為中書省、樞密院，分別管理政務和軍務，小朝廷建設得有模有樣。

為拓展帝業，明玉珍北取漢中，南征雲南，一心將事業做大，進而收取天下。

但是，天妒英才。

至正二十六年（1366 年），也是夏國天統五年，明玉珍病逝於重慶，年僅三十八歲，葬於江北寶蓋山睿陵，廟號「太祖」，諡號「欽文昭武皇帝」。

第六章　亂世英雄：權謀與爭鬥

　　特別補充一下，朱元璋與陳友諒展開生死搏殺中，是非常忌憚明玉珍從中插手的，為此曾派遣都事孫養浩攜帶自己的親筆信給明玉珍，援引三國時期吳蜀未能結盟，終被晉人分頭擊破的歷史教訓，稱自己為今日之吳，指明玉珍為今日之蜀，說：「今之英雄據吳蜀之地者，果欲與中國抗衡，延國祚而保社稷，唯合從為上謀。足下處西蜀，予居江左，蓋有類昔之吳蜀矣。」

　　由此也可見朱元璋對明玉珍的重視。

　　而透過與朱元璋的接觸，明玉珍也感覺到了對方是一代雄主，所以，在臨終前，知道自己一死，兒子年幼（十歲），必不能與之相爭，於是留下遺言云：中原未平，元虜未逐，予志不能遂也，此殆天意。今西蜀險塞，予沒後，汝等同心協力，但可自守，慎勿妄窺中原，亦不可與各鄰國構釁。

　　明玉珍死，太子明昇繼位，改元開熙。

　　一年之後，即明洪武二年（1369 年），朱元璋已基本平滅了其他割據勢力，開始謀劃收取巴蜀。

　　一開始，朱元璋只是遣使勸降。

　　明昇年幼，作主的是明玉珍的皇后彭氏，彭氏一介婦人，不知天下大勢走向，堅拒絕從。

　　朱元璋遂於洪武四年（1371 年）春，遣湯和、廖永忠、傅友德等領兵伐蜀。

該年六月，明兵抵重慶。

城中震響，舉旗出降。

出於對明玉珍的尊重，朱元璋對明昇母子還算厚道，沒有加以殺害，而是於洪武五年（1372年）派太監遣送其一家二十七人到高麗定居。

應該說，明昇一家在高麗過得還是相當滋潤的，明昇娶高麗總郎尹熙王之女為妻，育有四子：大兒子資憲大夫資憲公明義；二兒子總郎公嘉靖大夫明見；三兒子副使公嘉靖大夫明俊；四兒子侍郎公通訓大夫明信。

就這樣，明昇一家在朝鮮半島落地生根，繁衍生息，至今已形成一個有四萬人之眾的旺族。

也許是因為明玉珍後裔不在國內的緣故，後世史家在研究明玉珍其人時，突然對明玉珍的姓氏感到困惑起來，致使有的史書記載有「明玉珍，一曰旻氏」之說，有的記載有「明玉珍，一曰旻端」之說。

到後來，很多人認為「明玉珍」只是一個代號，明玉珍應該姓「旻」；或者是姓複姓「旻端」，至於名字，已經無從考究了。

到底是姓「旻」，還是姓「旻端」？

著名的歷史學專家吳晗大膽推測、小心求證，最終得出的結論是：明玉珍本姓「旻」，因信奉明教而改姓「明」。

第六章　亂世英雄：權謀與爭鬥

無獨有偶，另一歷史學家白壽彝在不知吳晗研究結果的情況下，也著力考證，在自己主編的《中國通史》中隆重介紹：明玉珍本姓「旻」，因明教之故而改姓「明」。

兩大專家的結論一出，幾成定論。

比如某位作家在寫長篇歷史小說《明玉珍》時，就鄭重地介紹了明玉珍的本姓為「旻」。

此種濫觴引起了明玉珍的後代子孫的抗議。

明玉珍留在中國的後裔已經改姓為甘，有一個名為甘旭清的明氏子孫解釋，明玉珍的兩位妻子彭氏和林氏分別為其生下長子明昇和次子明重。明昇和母后彭氏去了高麗，而明重則在重慶失陷前逃往甘肅境內，因甘肅簡稱甘，故改姓甘。

甘氏子孫出示了正德元年（1506年）四川甘大濱、甘大江、甘大漢所修撰的《甘氏家譜》，上面有詳細記載：「我族祖宗淵源，始於姬姓，至秦穆公時，有百里奚、孟明視父子二人考之於史……孟明視為秦國開疆拓地，戰功卓著，名振西戎。其後子孫遂以百里孟明之『明』字為姓。傳至魏時，有明亮公，為陽平太守，代代相傳，至元朝末年有玉珍公。因群雄作亂，繼而紅巾軍起義，玉珍公率部攻重慶，後立為夏王。」該家譜清楚地指出從明玉珍起上到明亮公二十八代明氏名諱近八百年的歷史記載，力圖證明「明玉珍本姓明」。

一個叫明在律的韓國釜山人也提供了韓國《明氏大同譜．

壬申譜序》、《明氏大同譜・乙丑譜序》、《明氏大同譜・辛巳譜序》等幾種，指出上面記載的文字：「唯我明氏係出孟明，以名為氏」，以證明「明玉珍本姓明」。

但是沒有用。

《辭海》還是遵循了吳晗先生和白壽彝先生的結論，記載明玉珍本姓「旻」。

明氏子孫對此吐槽不已。

有明氏子孫撰文說：縱觀元、明、清以來的各種正式書籍，沒有一個人說過「明玉珍本姓旻，後因信奉明教而改姓明」的。如果說因信奉明教就要改姓明，那麼朱元璋就應該叫明元璋，徐壽輝就應該叫明壽輝，特別是韓山童、韓林兒更應該叫明山童、明林兒了。

事情發生逆轉是在西元 1982 年。

這年 3 月底，重慶織布廠擴建廠房時，在工地現場發掘了淹沒數百年之久的明玉珍墓，出土了「玄宮之碑」及一批絲織龍袍等珍貴文物。

「玄宮之碑」的第一句即為：「太祖隨州隨縣梅丘人，姓明氏，御諱玉珍，為人英武有大志，不嗜聲色貨利，善騎射。」

由此可見，明玉珍本來就姓「明」。

鐵證如山，《中華明姓總譜》編委會在編纂《中華明姓總譜》之時，針對明玉珍是姓「旻」之謬誤做出了更正，並專門

第六章　亂世英雄：權謀與爭鬥

寫了〈明玉珍姓「明」不姓「旻」〉的論文，以證明「明玉珍本姓明。」

今版《辭海》也尊重歷史事實，改正了明玉珍本姓「旻」的錯誤。

明氏在韓後裔有三萬多人，朝鮮有一萬多人。韓國的明氏成立有明氏宗親會，並在三八線上徵地修建了望祭臺，每年祭祖兩次。

明玉珍墓發掘後，明氏宗親會首批會員訪問團一行三十二人於西元 1995 年到重慶祭祖訪問。第二年清明節，第二批會員到重慶祭祀。

此後，幾乎年年都有規模不等的明氏後人來渝。

● 一方銅印出土，鉤沉起一反元大英雄事蹟

西元 1986 年，考古專家在湖北英山縣出土了一方銅印。

正面印文為「汴梁行省管勾所之印」；印背一側刻「汴梁行省管勾所印」，另一側刻「中書禮部造」、「太平二年七月」。

這方銅印勾起了史學家的濃厚興趣。

這個「汴梁行省」成立於哪個朝代呢？

「汴梁」即是河南開封，為什麼銅印會出現在湖北呢？

「太平二年」又是指哪一年呢？史學家們一查，答案出來了。

太平係元末徐壽輝的天完政權年號，故「汴梁行省」為天完政權屬下之行省。

元朝時，今河南、鄂北、皖北、蘇北地區屬河南行省，治所在汴梁路（今河南開封）。

徐壽輝天完政權在太平二年據有廬州路（治今安徽合肥）、安慶路（治今安徽安慶）、黃州路（治今湖北黃岡）、蘄州路（治今湖北蘄春南）。

其中的蘄、黃兩路由天完中書省直轄。

安慶路一帶為巢湖水師首領趙普勝占領，且該地區離汴梁較遠，天完政權設立行省的話，不大可能稱為汴梁行省。

而廬州地處天完統治範圍的最北部，與劉福通、韓林兒的宋政權接壤，距汴梁路最近，而「汴梁行省管勾所之印」出土於英山縣，英山縣在元時屬廬州路，那麼天完政權在廬州設汴梁行省最有可能。

為什麼取名叫汴梁行省呢？

因為汴梁是趙宋王朝的故都（有人以為汴梁只是北宋的帝都，南宋的帝都遷到了杭州，其實，南宋君臣一直將杭州視為「行在」，即皇帝出行暫居的地方，而奉汴梁為帝都）。

雖說劉福通、韓林兒以「復宋」為號召建立了宋政權，而

第六章　亂世英雄：權謀與爭鬥

查宋濂《宋學士文集》卷三，《翰苑前集》卷三〈于指揮墓誌銘〉，裡面有提到：「徐壽輝建偽號曰宋。」徐壽輝的天完政權也同樣有「復宋」的思想，則其將屬於河南行省的廬州及其周圍地區命名為汴梁行省，就不足為奇了。

汴梁行省治所設在廬州，當時廬州的首腦是誰呢？就是左君弼。

黃金所著《皇明開國功臣錄》卷三二〈左君弼傳〉中載：「左君弼，廬州人。元季壬辰，群雄倡亂，君弼黨於彭祖，聚眾數千。」

即左君弼是南方彌勒教首領彭瑩玉的門徒，跟隨彭瑩玉一起舉事，據廬州稱雄。

跟隨彭瑩玉一起起事的著名人物還有李普勝、趙普勝，前者據無為，後者據含山。

按照孫宜《洞庭集》、《大明初略二》中的記載，左君弼和李普勝、趙普勝的關係並不好——「巢湖水雄雙刀趙（即趙普勝）、李扒頭（即李普勝）者與廬州左君弼素相仇。」

至正十三年（1353 年）十月，彭瑩玉被害於瑞州（今江西高安），左君弼便開始鬧分開，動刀子去吞併巢湖水師。

何喬元《名山藏‧廖永安傳》載：「廬人左君弼者，亦故為彭祖將，以書招永安，永安等不從，君弼率兵攻永安，永安數不勝，乃使韓成持書見高帝（即朱元璋）和陽，願以舟歸。」

黃金《皇明開國功臣錄》卷二〈廖永安傳〉亦載：「左君弼據廬州作亂，永安等頗為所窘。」

也就是說，正因為左君弼的武力脅迫，以趙普勝為首，內含廖永安兄弟、俞廷玉父子、張德勝等英雄豪傑的巢湖水師歸附了朱元璋，於是才有了後來朱元璋渡江據南京、建大明等一系列風雲事件的出現。

因為朱元璋接納了巢湖水師，左君弼對朱元璋恨之入骨。

大概在至正二十三年（1363年），左君弼和張士誠結盟，共同對付朱元璋。

該年，張士誠遣大將呂珍進攻韓林兒、劉福通於安豐，左君弼發大軍相助。

朱元璋親率徐達、常遇春入援安豐，救出了韓林兒。

常遇春乘勝追擊左君弼，圍著廬州打了三個多月，因為洪都（今江西南昌）戰事緊急，最終放了左君弼一馬。

至正二十四年（1364年）四月，徐達和常遇春再攻廬州，城下。左君弼本人脫逃，其母妻及子被徐達押送往南京。

左君弼逃哪去了呢？逃到安豐，投降了元將竹昌、忻都。

吳元年（1367年）二月，朱元璋寫信給左君弼招降，稱：「天下兵興，豪傑並起，豈唯乘時以取功名，亦欲保全父母妻子於亂世。」並主動將其母交還。

一年之後，即洪武元年（1368年），徐達率兵北伐，平定

第六章　亂世英雄：權謀與爭鬥

山東，西指汴、洛，左君弼感到元朝已經垮臺，舉旗請降。

左君弼降明後，任廣西衛指揮僉事，負責駐守廣西。

事元又復元的梟雄，晚年被斬臂相贈蒙古王爺

元末明初這段時間裡，天下割據勢力大致分布如下：

遼東劉益、秦地李思齊、蜀地明玉珍、閩地陳友定、浙地方國珍、東吳張士誠、西吳朱元璋、粵地何珍、滇地匝剌瓦爾密、大理段功、晉地王保保（擴廓帖木兒）、魯地毛貴，還有影響力較大的韓林兒、劉福通的韓宋政權、徐壽輝的天完政權及其後續的陳友諒南漢政權。

這裡重點講講秦地的李思齊。

李思齊本是河南羅山人，至正十一年（1351年），紅巾軍攻克汝、穎，進而占領江淮各路。元廷屢次派兵討伐，都無功而返。李思齊與察罕帖木兒（又名李察罕）組織地方武裝，一舉擊敗紅巾軍，順利收復羅山。

李思齊與察罕帖木兒的功勞原本是一樣的，察罕帖木兒得元廷授為汝寧府達魯花赤，李思齊只得授一縣尹。

時間過去了很久，元順帝聽說了李思齊的事蹟，不無遺憾地說：「人言國家輕漢人，果然！」改授之知汝寧府。

此後數年間，李思齊跟隨察罕帖木兒復汴梁，定山東，逐劉福通，降田豐，以功授四川行省左丞。

至正十八年（1358年），李思齊率兵進陝西，屯鳳翔，從此割據一方，擁兵自雄。

李思齊的老上級察罕帖木兒也很風光，得朝廷進封為河南行省平章政事、陝西行臺御史中丞兼理河南行樞密院事。

但察罕帖木兒卻不滿足於此，因為，他地位低於河南行省左丞相答失八都魯的兒子孛羅帖木兒。

孛羅帖木兒於至正二十年（1360年）升為中書平章政事，到了至正二十一年（1361年），在興和一帶擊敗中路紅巾軍，得朝廷授命總領蒙、漢諸軍，便宜行事。

察罕帖木兒憤憤不平，對孛羅帖木兒語出不遜，嚴重不服。

孛羅帖木兒大怒，派兵圍攻察罕帖木兒軍所守之冀寧。

其實，元朝藩將的鬥爭就是元朝皇帝元順帝和太子愛猷識理答臘之間鬥爭的反映。

察罕帖木兒屬於保皇黨，是站元順帝一邊的；孛羅帖木兒屬於太子黨，是站太子愛猷識理答臘一邊的。

李思齊站在老上級察罕帖木兒一邊，征伐孛羅帖木兒有功，得封許國公、中書平章政事，兼四川行省樞密院事、虎符招討使。

第六章　亂世英雄：權謀與爭鬥

但是，至正二十一年（1361年）六月，察罕帖木兒被由紅巾軍降元的叛將田豐、王士誠刺殺，朝中形勢陡然大變。

元順帝先是隆重地追贈、追封、追諡了察罕帖木兒，再命其養子王保保全部承接其父的兵馬，拜銀青榮祿大夫、太尉、中書平章政事、知樞密院事、皇太子詹事。

王保保舉兵討孛羅帖木兒，入大同，進薄大都，替元順帝除掉了孛羅帖木兒，護送太子愛猷識理答臘入覲，任太傅、左丞相。

是時，朱元璋已滅陳友諒，盡有江、楚地，張士誠據淮東、浙西。

王保保知南方勢力強大，不敢輕進，於是駐軍河南，檄關中四大將軍會師大舉。

這四大將軍分別是李思齊、張思道、孔興、脫列伯。

李思齊倚老賣老，撕裂檄文，說：「吾與若父交，若髮未燥，敢檄我矣！」

回頭聯絡其餘三人不聽號令。

於是，王保保率兵攻入潼關。

李思齊四人即在長安含元殿舊址會盟，齊力抗拒。

雙方相持數年，大小數百戰，難分勝負。那邊朱元璋也得以從容收拾張士誠、方國珍。

太子愛猷識理答臘不得不出來當和事佬，劃定潼關為界，

李思齊負責關中以西，王保保負責關中以東。

這樣安排也是權宜之計。

但李思齊屬保皇派，不聽太子的安排；而元順帝又因為王保保已經傾向了太子一派，就讓李思齊放手攻打王保保。

就在他們雙方狗咬狗咬得正起勁之際，至正二十八年（1368年）三月，明軍大舉進入河南。

李思齊與張良弼在潼關迎戰，大敗，奔回鳳翔。

朱元璋貽書諭降，李思齊毀書不降。

洪武三年（1370年），徐達攻破鳳翔，李思齊奔臨洮（今甘肅臨洮）。

馮勝進圍臨洮，李思齊走投無路，舉城降。

朱元璋對李思齊嘉慰有加，授江西行省左丞，讓他與徐達合兵克興元（今陝西漢中），出兵定西（今甘肅定西），入擢平章政事。

元亡後，王保保隨元順帝逃居漠北。

朱元璋認為李思齊和王保保的義父察罕帖木兒是深交，便讓李思齊為使者，前去漠北招降王保保。

李思齊沒有辦法，只好硬著頭皮前去。

王保保見了李思齊，絕口不提過去的恩怨，招待好吃好喝的，並表示投降朱元璋之事自己會慎重考慮。

飯飽茶足，李思齊辭行，王保保派了一隊騎兵護送。

第六章　亂世英雄：權謀與爭鬥

到了邊塞，為首騎將對李思齊說：「主帥有命，請公留一物為別。」

李思齊一下傻了眼，說：「吾遠來無所齎。」

騎將陰森地一笑，說：「願得公一臂。」

李思齊黃豆大的汗珠從全身毛孔湧出，知不能免，遂回首抽刀，把心一橫，刷地砍斷一臂，策馬急馳。

李思齊南歸，終因傷勢過重，不治身亡。

● 朱元璋巧借元將除大患，最終成就大明基業

西漢末年，王莽篡漢，光武帝劉秀身雖為高帝之後，實則白手起家，披堅執銳，馳騁沙場，血戰十五年，以布衣取天下。

這其中，有一件事不得不說。

即光武帝曾於更始二年初冬，以十萬之眾與盤踞在陽武縣的五十萬銅馬軍全面開戰。

該戰，光武帝以漁陽突騎截斷了銅馬軍的補給線，在清陽亭發起勢若千鈞的一擊。

銅馬軍大潰，逃到清河國館陶縣後，無力再逃，紛紛跪地請降。

時已黃昏，跪倒在暮色中的銅馬軍鋪天蓋地，黑壓壓的一片。

怎麼安置這些降兵呢？

而且，這些降兵會誠心誠意投降嗎？

光武帝帳下諸將心中都沒有底。

光武帝卻大手一擺，傳令眾降將各領各的隊伍回營整頓，告訴他們，自己明天再到他們的營地巡視。

降將將信將疑，引兵退去。

第二天，光武帝果然輕裝乘馬巡營部署。

降將們心悅誠服，交口稱讚道：「大王推赤心置人腹中，安得不投死乎！」

可以說，光武帝真乃人中龍鳳，既有容人之量，又膽色過人，無怪乎能成中興大業。

明太祖朱元璋的出身低賤，崛起於貧苦百姓的最低層，揭竿而起，天下英雄風跟雲隨，這其中也不是沒有原因的。

成吉思汗四大功臣木華黎後裔，元朝萬戶納哈出在太平（今安徽當塗）被俘，朱元璋竭力招降，並讓已經歸附的元朝萬戶黃儔充當說客。納哈出搖頭說：「我本北人，終不能忘北。」朱元璋感其忠義，下令將其釋放。大將軍徐達等人大驚，紛紛勸朱元璋將之處斬，免除後患。朱元璋說：「無故而殺人，非義。」他召見納哈出及降臣張御史等人，宣布說：「為人臣者各

第六章 亂世英雄：權謀與爭鬥

為其主，況汝有父母妻子之念，今遣汝歸，仍從汝主於北。」接著發放路費，放他們回蒙古去。

朱元璋此舉，讓許多降兵都產生了重新出走的想法，軍心頗受擾動。

朱元璋知道，也不阻攔，聽任自便。

話說元至正十五年（1355年）五月，郭子興長子郭天敘為濠州都元帥，張天祐、朱元璋分任左右副元帥。

朱元璋憑藉巢湖水軍及其戰船渡江，連占採石（馬鞍山）、太平（當塗），在江南站穩了第一站。

採石到集慶（南京）的直線距離不足五十公里。

集慶的元軍無比恐怖，糾集大軍前來攻打朱元璋軍隊。

元軍由兩部分組成，水軍由右丞阿魯灰、副樞絆住馬、中丞蠻子海牙等人率領；陸軍以方山（現在南京江寧區的方山一帶）民兵為主，由陳埜先率領，共數萬直取朱元璋。

元軍水軍的大船鉅艦很快取得制江權，堵住了姑孰口（太平城外姑孰溪的入江口），截斷了朱元璋軍隊回到江北的退路。

陳埜先的兩萬多方山民兵，則包圍了太平城。

太平之戰中，徐達、鄧愈、湯和在城東與陳埜先輪番交戰，湯和中箭受傷，卻是拚死不退，血戰到底。

最終，大敗方山民兵，生擒了陳埜先。

陳埜先自以為必死。

但朱元璋並沒有殺他,而是主動釋放了他。

陳眠先出乎意料,大感疑惑,問:「生我何為?」

朱元璋笑道:「天下大亂,豪傑並起,占領城池,稱帥稱王者不知其幾。然則勝則人附,敗則附人。你既以豪傑自負,必能識達事機,怎麼可能不知道我不殺你還釋放你的原因呢?」

陳眠先也笑了,說:「你是想讓我的軍隊向你投降嗎?」

朱元璋答:「當然。」

陳眠先於是寫信給各部眾。

第二天,大小頭目全都率部來降。

朱元璋和陳眠先歃血為盟,結為兄弟,共約合兵攻取集慶。

因為陳眠先已投降了朱元璋,水面上的元軍只好放棄堵截江面,撤回了集慶。

不久,朱元璋發兵攻打集慶,陳眠先暗中叮囑部下不可力戰,而等待時機向朱元璋發起攻擊。

有人將陳眠先的陰謀告訴了朱元璋。

朱元璋笑笑,說:「吾久知其不誠,然殺之恐失豪傑心。」

回頭讓人找來陳眠先,一臉赤誠地說:「人各有心,識見不同。從元從我,任汝所適,不相強也。」

陳眠先對天發誓說:「若背再生之恩,神人共殛之!」

朱元璋前嫌盡釋,目送陳眠先而去。

第六章　亂世英雄：權謀與爭鬥

陳埜先回到營地，暗中勾結元南臺御史大夫福壽，誘殺了郭天敘、張天祐。

不過，陳埜先本人卻被金壇縣的地主武裝誤殺，餘部由其義子陳兆先率領，屯駐方山，與元行省蠻子海牙在採石的舟師互為犄角，窺伺太平。

至正十六年（1356年）二月，朱元璋大敗蠻子海牙舟師於採石，緊接著，水陸並進，進攻集慶，先於江寧鎮破陳兆先軍，擒獲了陳埜先義子陳兆先。

朱元璋對待陳兆先等人十分優待，不但以陳兆先為心腹將領，封其為兵備宿衛，還從中選了五百驍勇兵卒作為自己的宿衛親兵。

夜裡，朱元璋令這五百人悉數入衛，而屏原來的侍衛於無慮，獨留馮國用侍臥帝榻，自己解甲酣眠達旦。

陳兆先五百宿衛兵大為感奮，紛紛相告：「既活我，又以心腹待我，何不盡力圖報？」

接下來，在攻打集慶的戰鬥中，這些人爭先陷陣，大敗元軍於蔣山，斬殺元守將福壽，取下集慶。

陳兆先效死力追隨朱元璋，鄱陽湖之戰中掛一路元帥，力戰死，追贈潁上郡侯。

後世對朱元璋釋納哈出、釋陳埜先、釋陳兆先三人之舉，大加讚嘆。

尤其是釋陳眺先,明知其是有意詐降,還真心接納,為自己剪除郭天敘、張天祐,最後成就大明基業。

劉伯溫在元朝做官時和朱元璋打過仗,史書寫漏了

至正十四年(1354 年)的四月十七日,是元順帝的生日。按照元朝制度,皇帝的生日稱為天壽節,臣下須行慶賀禮。

劉伯溫當日和寓居紹興的元朝官員們一同在紹興城南龜山寶林寺裡舉行了慶賀禮,還寫了一首題為〈天壽節,同諸寓臣拜於寶林教寺,禮畢、登槃翠軒,分韻得稽字〉的五言詩。

此詩很有名,詩中熱烈祝賀元順帝「萬年主壽長,百拜臣首稽」,大讚當朝太師脫脫為「太師祇園英,聰明實神啟」,歌頌大元江山「巍巍世皇業,喬嶽深根柢」,指責農民起義軍是「螳螂亢齊斧,碎首堪立溪」。

這絕非一時的應景之作,而是灌注了劉伯溫對元廷的滿腔愛戴感情的。

在劉伯溫的心中,元順帝是一個聖明天子,太師脫脫是一個可以力挽狂瀾的蓋世英雄。

元順帝的昏庸無能,這裡就不展開說了。

說說劉伯溫心中的蓋世英雄脫脫。

第六章　亂世英雄：權謀與爭鬥

可真別說，此人還真有兩把刷子，不僅主持庶政，還親自帶兵鎮壓農民起義。

邳州（今江蘇省邳州市南）人芝麻李帶領的紅巾軍於至正十一年八月攻取了徐州，元軍屢次收復失敗。

脫脫一怒之下，於至正十二年七月親自出師征討，九月二十一日就攻破了徐州。

而這次行動，就充分表現出了脫脫殘酷無情、滅絕人性的一面，《元史》卷四一〈順帝紀〉、卷三八〈脫脫傳〉記，為了報復和震懾農民起義軍，其竟然實施了瘋狂的屠城政策。

明代正統年間修的《彭城志》（彭城即徐州）也記載：「元末，丞相脫脫既平芝麻李之亂，而闔城人民無遺者。至國初，猶白骨蔽地，草莽彌望。」

實在是太恐怖了。

想不到吧？劉伯溫居然會對這種人歌功頌德。

不過，在劉伯溫對其歌功頌德這年年底，脫脫就脫勢、脫力，死了。

至正十四年正月，張士誠在高郵（今屬江蘇）建國，定國號「大周」。脫脫總制諸王諸省軍，號稱百萬雄師，以泰山壓頂之勢討伐高郵，鏖兵數月，所戰皆捷。然而就在大功垂成之際，昏庸無能的元順帝突然猜忌起脫脫來，認為脫脫權力過重，會對自己形成威脅，下詔切責脫脫「老師費財」，削其

官爵，奪其兵權。至正十五年，脫脫被流放雲南大理，中毒身亡。

而百萬元軍也闃然四散，大好形勢化為烏有。

脫脫雖死，劉伯溫仍對元廷充滿幻想，認為元朝秉承正朔，中興大業可期。至正十六年（1356年）春，江浙行省檄他前往處州，協同處州分元帥府同知副都元帥石抹宜孫討伐處州境內的農民起義軍。

劉伯溫欣然從命，於該年五月在處州以行省左丞相（達識帖睦邇）使者的名義，草擬並釋出了一篇〈諭甌括父老文〉。文告先稱頌元朝統一八十多年來「帝德寬大……與百姓安樂太平」，指責「今父老子弟」、「徙怨於天，乘間造釁，竊弄戈兵」，以至「驚動天心」，要求「冀父老各體上意，約束其子弟」，否則，自己將對「拒命不從者輒擒誅之」。

在處州三年的時間裡，劉伯溫與石抹宜孫詩友唱和，其《文集》中保留下來的題贈和酬答石抹宜孫的詩多達八十餘首，這些詩抒情言志，互相激勵。他們以歷史上的忠臣魯陽公、藺相如以及中興唐室的李光弼、郭子儀自勉。

但是，不知具體是從什麼時候起，這對曾經「相期各努力，共濟艱難時」的詩友後來竟分道揚鑣，劉伯溫一改初衷，棄官歸里，不久投入反元的農民起義軍中；而石抹宜孫卻忠貞不渝，為他所維護的大元王朝流盡最後一滴血，壯烈捐軀。

第六章　亂世英雄：權謀與爭鬥

劉伯溫具體是什麼時候與石抹宜孫分道揚鑣、棄官歸里的呢？

偽託為黃伯生所撰的〈誠意伯劉公行狀〉寫：行省復以都事起公，招安山寇吳成七等，使自募義兵。賊拒命不服者，輒擒誅之，略定其地。復以為行樞密院經歷，與院判石抹宜孫守處州，安集本郡，後授行省郎中。經略使李國鳳巡撫江南諸道，採守臣功績奏於朝，時執政者皆右方氏，遂置公軍功不錄，由儒學副提舉格授公處州路總管府判。諸將聞是命下，率皆解體。敕書至，公於中庭設香案拜曰：「我不敢負世祖皇帝，今朝廷以此見授，無所宣力矣。」乃棄官歸田裡。時義從者俱畏方氏殘虐，遂從公居青田山中。公乃著《郁離子》。客或說公曰：「今天下擾擾，以公才略，據栝蒼，並金華，明、越可折簡而定，方氏將浮海避公矣。」會上下金華，定栝蒼，公乃大置酒，指乾象謂所親曰：「此天命也，豈人力能之耶！」……公決計趨金陵。

這囉哩囉嗦的一大段，其實是刻意迴避了兩個問題：

一、劉伯溫到處州的任務是協同處州分元帥府同知副都元帥石抹宜孫討伐處州境內農民起義軍的，而劉伯溫自己也在與石抹宜孫相唱和的詩集《少微倡和集》作序時寫：「予至正十六年以承省檄，與元帥石抹公謀栝寇。」處州地臨栝蒼山，隋唐曾名括（又作栝）州，後人沿襲，稱處為括。「謀栝寇」，即平定處州境內民變。

〈誠意伯劉公行狀〉在這裡只輕描淡寫說劉伯溫是與石抹宜孫「安集本郡」，跟著筆鋒一轉，三次提到方國珍，說「執政者皆右方氏」、「義從者俱畏方氏殘虐」,「方氏將浮海避公」，刻意造成這種假象，即把劉伯溫到處州的主要任務寫成是與方國珍對抗。修撰於建文年間的《明太祖實錄・劉基傳》未辨其偽，也跟著寫劉伯溫「改行樞密院經歷，與參知政事石抹宜孫守處州，以拒國珍」；修撰於清初的《明史・劉基傳》更是一脈相承，寫劉伯溫在處州與石抹宜孫共事三年的任務就是「拒國珍」。

二、在看似不經意的行文中把劉伯溫棄官歸田與朱元璋進攻的時間錯開，說是劉伯溫棄官歸田在先，朱元璋「下金華，定栝蒼」在後，還臆想出一段劉伯溫聽說朱元璋已經占領了處州後在家裡的舉動──「大置酒，指乾象謂所親」，說朱元璋是「天命所歸」，不久就決定到金陵投奔。

不用說，《明太祖實錄・劉基傳》、《明史・劉基傳》也都沿襲了此說。

但是，〈誠意伯劉公行狀〉卻自露馬腳，說劉伯溫之所以棄官辭職，是「經略使李國鳳巡撫江南諸道，採守臣功績奏於朝，時執政者皆右方氏，遂置公軍功不錄，由儒學副提舉格授公處州路總管府判。諸將聞是命下，率皆解體」。即劉伯溫辭職的時間，是李國鳳巡撫江南時。

而查《元史・順帝紀》可知，李國鳳是在至正十八年九月

229

第六章　亂世英雄：權謀與爭鬥

由治書侍御史轉經略江南的。而元朝的戶部尚書分部閩中貢師泰在〈雲楚莊記〉中說：「治書李公經略江南之明年，道出栝蒼，得士劉彥明，置諸幕府。又明年，至三山。」

可見，李國鳳抵達處州的時間是至正十八年的「明年」，即至正十九年；而離開處州的時間是「又明年」，即至正二十年。

這麼一來，劉伯溫的辭職時間必須是在至正十九年和至正二十年之間。

而《元史·石抹宜孫傳》記：「十八年十二月，大明兵取蘭溪，且逼婺……（石抹宜孫）即遣胡深等將民兵數萬往赴援，而親率精銳為之殿。兵至婺，與大明兵甫接，即敗績而還。時經略使李國鳳至浙東，承制拜宜孫江浙行省參知政事，階中奉大夫。明年，大明兵入處州。」

即朱元璋軍取蘭溪、逼婺州、下金華、入處州是在至正十八年冬和至正十九年之間。

那麼，在至正十九年和至正二十年之間辭職的劉伯溫此時還應該在石抹宜孫幕下效力，也肯定參與了策劃抵禦。

這一點，明末學者錢謙益在《牧齋初學集》中早已做出了考證，稱：十八年，我兵取蘭溪，且逼婺，石抹遣胡深等救婺不克。上既定婺，即命耿再成駐兵縉雲，以規取處。石抹遣葉琛、胡深等分屯以拒王師。公（劉伯溫）雖不在行間，然未嘗不在石抹院中，石抹蓋倚之以謀我師也。

寫〈誠意伯劉公行狀〉的作者處處以曲筆為劉伯溫維護，可謂用心良苦。

但作為當事人的劉伯溫和朱元璋，對此一事，肯定是心知肚明的。

此事，也成了這對日後君臣心中的一道障礙。

元順帝死，劉伯溫因此陷入了窘境，無地自容

熟悉劉伯溫歷史的人都知道，大明開國後的洪武元年（1368年），劉伯溫和朱元璋之間發生了好幾件不愉快的事，致使劉伯溫在該年八月被朱元璋革掉了御史中丞的職務，黯然回家。

開國之初，雖然是百業待興，但處處生機盎然，處處新風新氣象。

劉伯溫卻被革職為民，落魄還鄉，心情之糟糕，可想而知。

返鄉途中，劉伯溫百般委屈，傷感莫名，一口氣寫下了《旅興》五十首，其中有一首發牢騷說「身世且未保，況敢言功勳」；另有一首自怨自艾，彷彿已看破紅塵，雖不說要削髮為僧，卻也立下了退隱的志向，云：「探珠入龍堂，生死在一瞬。

第六章 亂世英雄：權謀與爭鬥

何如坐蓬蓽，默默觀大運。」

回鄉隱居之後，劉伯溫仍是愁懷難遣，又寫了一首〈老病嘆〉，傷生憂世，嘆自己百無一用，稱：「我身衰朽百病加，年未六十眼已花。筋牽肉顫骨髓竭，膚膝剝錯瘡與瘍……」

的確，換任何人攤上劉伯溫這種境況，任何人的心理都難以平衡。

從至正十九年（1359年）劉伯溫到應天投奔朱元璋時算起，時間已有七八年了，沒有功勞也有苦勞，好歹也算是從龍之臣、開國元勳，朱元璋倒好，一言不合，馬上翻臉不認人，真是刻薄寡恩，無情無義！

朱元璋是否真的不講一點情義呢？

不是的，多少都有點吧。

因為，當年十一月十八日他就下詔要劉伯溫盡快回京，詔書上說，「（汝）去久未歸，朕心有欠。今天下一家，爾當疾至，同盟勳冊，庶不負昔者之多難」。結尾還特別申明：「言非儒造，實己誠之意，但著鞭一來，朕心悅矣。」

看得出，朱元璋對自己草率嚴辦劉伯溫是有幾分內疚的，所以在打了一棒之後，馬上發幾個糖果來哄了。

如果說，劉伯溫真抱定了「何如坐蓬蓽，默默觀大運」的隱居決心，完全可以以老病推託的，畢竟，這一年他也已經五十八歲了，他自己也寫詩說了「我身衰朽百病加，年未六十

眼已花」，但劉伯溫並非後人神化中的「聖人」，行為沒那麼高潔，和我們普通人一樣，忍受不住高官厚祿的誘惑，欣然赴京。

劉伯溫一返朝，馬上官復原職。

該年（洪武元年，西元 1368 年），朱元璋還發了一道追封劉伯溫祖父母、父母的誥書。

恢復了官職，父祖輩又得到追封，劉伯溫之前的所有牢騷、憤懣、委屈，都一掃而空。

洪武二年二月壬辰日，志得意滿的劉伯溫還有些忘乎所以地向朱元璋進言，說：「古者公卿有罪，盤水加劍詣請室自裁，未嘗鄙辱之，存待大臣之禮也。」

劉伯溫的這個建議，應該是有感而發的。

去年被革職遣返，讓他在鄉里抬不起頭，堪稱畢生大辱。

當時，侍讀學士詹同侍坐，也有同感，援引《大戴禮》及《賈誼疏》附和，說：「古者刑不上大夫，所以勵廉恥，而君臣之恩義兩盡也。」

在《明太祖實錄》的記載裡，朱元璋對兩人的建議是「深然之」。

可以說，從洪武元年十一月末到洪武三年六月的這段時間裡，劉伯溫很是過了一段舒心日子。

洪武三年二月，朱元璋定朝服、公服之制，劉伯溫以太史

第六章　亂世英雄：權謀與爭鬥

令的身分參與其事，會同省部官員參考歷代舊制以定。

該年四月，朱元璋置弘文館，以胡鉉為學士，命劉伯溫、危素、王本中、睢稼皆兼學士。

朱元璋給劉基的誥書中，還稱：「爾資善大夫、御史中丞劉基，朕親臨浙右之初，爾基（指劉伯溫）慕義。及朕歸京師，即親來赴。當是時，栝蒼之民尚未深信，爾老卿一至，山越清寧。節次隨朕徵行，每於閒暇，數以孔子之言開導我心，故頗知古意。及將臨敵境，爾乃晝夜仰觀乾象，慎候風雲，使三軍避凶趨吉，數有貞利。」

看得出，朱元璋還是很看重劉伯溫的。

但是，從六月十五日起，劉伯溫迅速陷入了一個新的困境中，並從根本上動搖了他在朝中的地位。

話說，元順帝妥懽帖睦爾從北京倉皇出逃後，蟄居於應昌（今內蒙古克什克騰旗西北）。左副將軍李文忠於該年五月十六日率大軍攻克應昌，逐走了元嗣主愛猷識裡達臘，意外獲知元順帝妥懽帖睦爾已於這年四月末就病死在應昌了。李文忠欣喜之餘，於當日發捷報回朝。

《明太祖實錄》卷五十三記：（洪武三年六月）壬申（十五日），左副將軍李文忠捷奏至。時百官奏事奉天門，聞元主殂，遂相率拜賀。

即捷報傳回到應天的時間是該年六月十五日。

元順帝死，大明萬民歡慶。

朱元璋本人也喜形於色地說：「元主守位三十餘年，荒淫自恣，遂至於此。」

朝臣紛紛加額稱慶。

但是，朱元璋突然把目光停留在治書侍御史劉炳身上，拉長了臉，語氣冷峻地說：「爾本元臣，今日之捷，爾不當賀也。」

此語一出，朝堂上的氣氛突然變得微妙起來。

那些草根出身，跟隨朱元璋一步一腳印打天下的，心情自然是更加舒暢，似喝了一壺老酒，揚眉吐氣。

而曾在元朝做過官的，就無比尷尬了。

朱元璋的話雖然不是直接對著劉伯溫說的，但就跟直接朝劉伯溫臉上搧耳光差不多了。

要知道，劉伯溫這時可是朝廷中任職最高的曾食元祿者！

人們看朱元璋在說劉炳，卻都紛紛把視線投向劉伯溫。

一剎那，劉伯溫無地自容。

但劉伯溫的羞恥並不僅僅止於此。

朱元璋回頭命禮部榜示：凡北方捷至，嘗任元者不許稱賀。

兩百多年後的大史學家談遷著《國榷》，著述至此，仍感覺得到當年劉伯溫無盡的羞恥和窘迫，感慨萬分地說：命故元臣毋賀，於以砥節，至嚴也。諸君子舍彼介鱗，依光日月，方

第六章　亂世英雄：權謀與爭鬥

灌磨自效，而竟以首陽風之，不捫心自愧乎？總管府判劉基、翰林國史院編修宋濂，俱食元祿，為開國第一流，當日何以處之？

談遷同時也指出，朱元璋雖然並非要求朝中任職的元朝舊臣都像不食周粟的殷人伯夷、叔齊那樣餓死於首陽山，但必須要藉此舉讓他們捫心自愧，以宣揚「忠君」之道。

補一句，談遷在此把宋濂與劉伯溫相提並論，其實是不妥的。宋濂在至正九年雖有翰林國史院編修之命，實際未赴任。宋濂本人也多次辯解過「臣本一介書生，粗讀經史，在前朝時雖屢入科場，曾不能沾分寸之祿」。

再說回劉伯溫。

朱元璋在六月十五捷報傳回當日，雖然沒有直接指責劉伯溫什麼，但是，五天之後，即六月二十日，他專門向劉伯溫提問，說：「朕本農家，樂生於有元之世。庚申之君荒淫昏弱，紀綱大敗，由是豪傑並起，海內瓜分，雖元兵四出，無救於亂，此天意也。然倡亂之徒首禍天下，謀奪土疆，欲為王伯，觀其所行，不合於禮，故皆滅亡，亦天意也。」要求劉伯溫「試言元之所以亡與朕之所以興」。

劉伯溫能怎麼說呢？

《明太祖實錄》如實記載了劉伯溫的回答，為：「自古夷狄未有能制中國者，而元以胡人入主華夏幾百年，腥羶之俗，天

實厭之,又況末主荒淫無度,政令墮壞,民困於貪殘,烏得而不亡。陛下應天順人,神武不殺,救民於水火,所向無敵,安得而不興。」

劉伯溫以為,祭出「華夷之辨」就可以擺脫自己曾經仕元的「不忠」窘境,也能為造反派頭目朱元璋所接受。

但是,形勢已經變了。

當年為了驅逐蒙元,朱元璋是在〈奉天討元北伐檄文〉裡稱:「自古帝王臨御天下,皆中國居內以制夷狄,夷狄居外以奉中國,未聞以夷狄居中國而制天下也。」而現在北伐已經成功,順帝已亡,天下將定,「華夷之辨」已非當前基調了,應該以「忠君」為主旋律了。

既要提倡「忠君」,朱元璋本人也是元朝的子民,光用「華夷之辨」是不能平反他的造反行為的,所以,開首他就說了「樂生於有元之世」——用意很明顯:我本來是個農家子,非常樂意生活在元朝統治之下——我是好公民,是忠於元朝的,至於後來又為什麼起兵呢?

朱元璋一本正經地解釋說:「當元之季,君宴安於上,臣跋扈於下,國用不經,征斂日促,水旱災荒,頻年不絕,天怒人怨,盜賊蜂起,群雄角逐,竊據州郡。朕不得已,起兵欲圖自全,及兵力日盛,乃東征西討,削除渠魁,開拓疆宇。當是時,天下已非元氏有矣。向使元君克畏天命,不自逸豫,其臣各盡乃職,罔敢驕橫,天下豪傑曷得乘隙而起?朕取天下於群

第六章　亂世英雄：權謀與爭鬥

雄之手，不在元氏之手。」

朱元璋這一句「朕取天下於群雄之手，不在元氏之手」，與三百年後多爾袞、康熙、雍正等人多次提到的「大清江山取於闖賊而不是取於大明」可謂如出一轍，不過朱元璋的說法顯然更加牽強。

但無論多牽強，他是皇帝，他說了算，他算是為自己的造反行為平反了。

而劉伯溫的「不忠」，卻已經是注定的了。

實際上，劉伯溫在仕元的日子裡，也的確是對元朝忠心耿耿、死心塌地。

至正十八年（1358年）十月，朱元璋兵進處州，在石抹宜孫幕下效力的劉伯溫還積極參與了策劃抵禦。

因為「仕元」問題，因為對元廷的「不忠」，劉伯溫這一輩子怕是難以抬得起頭來了。

元朝進士余闕（字廷心），於至正十八年守安慶，抵抗陳友諒的進攻，城破後自刎身死。

另一元朝進士李黼，於至正十二年任江州總管，抵抗徐壽輝的進攻，城破後以身殉國。

對此二人，朱元璋為宣揚「忠君」之道，敕禮官稱：「自古忠臣義士捨生取義，身歿而名存，有以垂訓於天下後世。若元右丞余闕守安慶，屹然當南北之衝，援絕力窮，舉家皆死，

節義凜然。又如江州總管李黼，身守孤城，力抗強敵，臨難死義，與闕同轍。自昔忠臣義士必見褒崇於後代，蓋以勵風教也，宜令有司建祠肖像，歲時祠之。」

朱元璋此詔貌似與劉伯溫無關，但余闕、李黼與劉伯溫均為元朝進士，余闕還與劉伯溫為同年，他下令褒崇前兩位，就等於是變相斥責劉伯溫了。

茶陵人李祁也與劉伯溫在元同年舉進士，他在為余闕文集寫的序中就拿余闕的「盡忠」行為與某些人的「不忠」行為做對比，說：「廷心（余闕字廷心）之孤忠大節足以照映千古，燁然斯文之光」，稱某些人「為世之貪生畏死，甘就屈辱，而猶瞯然以面目視人者，則斯文之喪，蓋掃地盡矣」。

李祁是元統元年進士榜第一甲第二名，授應奉翰林文字同知制誥兼國史院編修官，入明後自稱「不二心老人」，拒絕入仕，寫文記事不用洪武年號，無疑他認為自己是「忠君」的，他有資格唾罵劉伯溫之類的「不忠」。

劉伯溫既被定性為「不忠」之人，則御史中丞一職便不好再當了。

洪武三年七八月間，劉伯溫再次被免去御史中丞。

第六章　亂世英雄：權謀與爭鬥

第七章
斜陽餘暉：
元朝的落幕

第七章　斜陽餘暉：元朝的落幕

● 中秋吃月餅源自「八月十五殺韃靼」的傳說？

中秋佳節，丹桂飄香，圓月懸空，清輝無限，人們吃月餅賞月，老少團圓，其樂融融，是人世間難得的好時光。

然而，中秋節吃月餅，據說是來自一個血腥的傳說。

話說，蒙古統一中國後，根據統一的先後順序把中國人分為四等，北方人是三等公民，南方人，也就是原南宋的遺民是四等公民。蒙古人為了維護自己的統治地位，實施了高壓政策。在最基層的農村，每個村子派一個蒙古家庭或色目人家庭來進行統治。漢族女性要結婚，必須把初夜權交給這個蒙古人或色目人。於是就有了漢人結婚後先把第一胎摔死的惡俗。蒙古人還規定，每十家漢族人才能有一把菜刀，且這把菜刀的掌刀權就在管理村子的蒙古人手中，只有這個蒙古人同意，漢族人才能領到刀切菜、生火開灶。

就在這種殘酷的統治下，漢族人終於忍無可忍，發動了紅巾軍起義。

紅巾軍起義前夕，各地以圓餅傳遞消息，相約「八月十五殺韃靼」。八月十五這天，漢族人按照約定紛紛舉旗，並在朱元璋的帶領下取得了勝利。

於是，那「誅殺元兵」的圓餅，就演變為了後來的月餅。

這則故事說得有鼻子有眼，像真的一樣。

可是，它只是一個傳說而已。

因為，即使你翻遍翻爛元末明初各種正史與史料筆記，也不會查得出到底在哪一年的八月十五發生過大暴動，而蒙古人也從來沒有派一個蒙古人去管理一個村的制度。所謂一個蒙古人占用一個村子所有新娘的初夜權和十家人合用一把菜刀的說法也是子虛烏有的。

實際上，元代各民族之間的界線極為模糊，統治者在進行戶籍統計的時候根本就沒登記民族，蒙古語中甚至沒有「色目人」這個詞彙。

而且，查一查典籍就可以知道，元代的各級別官員中，漢人（南人）所占的比例高達百分之七十！這也是元朝政府退居漠北後，出現了很多漢人（南人）選擇為元朝守節殉國的原因。

也就是說，即使元朝有些政策出現了明顯的民族傾斜現象，但四等人制終究不是一個明確的律例，現在史學界的主流觀點已經認定元朝「四等人制」並不存在。

所以，我們對「八月十五殺韃靼」的流言就更應該有清楚的了解。

至於中秋吃月餅的習俗，最早可以追溯到唐朝。

在中國古代，帝王本來早就有春天祭日、秋天祭月的禮制。而在唐貞觀四年，唐太宗征討突厥得勝並生擒其領袖，回京之日正好是八月十五。當夜，唐太宗宣布慶賀勝利，全京城

第七章　斜陽餘暉：元朝的落幕

通宵狂歡。有吐蕃商人向唐太宗獻餅祝捷，唐太宗持餅向月說了一句「應將胡餅邀蟾蜍（即月亮）」，接著把餅分給群臣食之，於是就有了後來八月十五吃月餅的習俗。

當然，那時還沒有「月餅」這個詞彙。最早出現這個詞，是南宋吳自牧的《夢粱錄》。

而對中秋吃月餅賞月的描述，則最早出現於明代的《西湖遊覽志會》，書中記：「八月十五日謂之中秋，民間以月餅相遺，取團圓之義。」

● 元末兩梟雄，化身為濟世菩薩飽受人間香火

話說，元末昏君無道，奸臣當政，天下鼎沸，民不聊生。

至正十一年（1351 年），各地紅巾軍相繼起兵反元。

該年五月，北方白蓮教會的韓山童、劉福通等在潁上（今屬安徽）發動起義。

八月，湖北羅田商販徐壽輝與麻城鐵匠鄒普勝等在蘄州（今湖北蘄春）聚眾起義。

十月，徐壽輝在湖北蘄水（今湖北浠水）稱帝，國號為天完，年號為治平。

徐壽輝手下有大將，名明玉珍，駐守沔陽（今湖北仙桃），封「統兵征虜大元帥」。

明玉珍武藝高強，每戰必身先士卒，衝鋒在前。某次，「與元將哈林禿連戰湖中，飛矢中其右目，遂眇」，即右眼被流矢射瞎，成了個「獨眼龍」。

明玉珍敢打敢戰，功績卓著，徐壽輝升之為「奉國上將軍統軍都元帥」。

至正十七年（1357年），明玉珍領兵西征，由巫峽入蜀，攻克夔州（今重慶奉節）、萬州（今重慶萬州）、普州（今四川安岳）、瀘州、敘南（今宜賓）、嘉定（今樂山）等地，最後據有成都，控制了四川和相鄰的陝、甘、黔、滇、鄂邊境部分地區。

徐壽輝連番接到明玉珍的捷報，無比開心，任命他為隴蜀四川行省參政。

可惜的是，徐壽輝沒開心多久，就被手下的野心家、陰謀家陳友諒殺死了。

明玉珍痛惜不已，三軍縞素，為故主發喪，並命令部將莫仁壽鎮守夔門，與陳友諒徹底決裂。

隨後，明玉珍在重慶城南立徐壽輝廟，春秋祭祀。

陳友諒殺害徐壽輝後，自立為帝，國號漢，史稱南漢。

作為回應，明玉珍也自立為帝，國號大夏，年號天統，建都重慶。

明玉珍治國很有一套，其免除了元朝的種種苛捐雜稅，實行「輕徭薄賦」，徭役全免，軍隊屯糧，軍需自足。

第七章　斜陽餘暉：元朝的落幕

如此一來，大夏境內「禮樂刑政，紀綱法度，卓然有緒」。

明玉珍也因此成了四川人稱頌的好皇帝。

但好皇帝明玉珍年壽不永，僅三十八歲就抱病離世，臨終連聲痛呼：「元虜未遂，餘志不能遂也。」

明玉珍駕崩，年僅十歲的太子明昇繼位。

主少國疑，大夏很快陷入了內亂。

明玉珍的文臣武將中，最為得力的兩個人為左丞相戴壽、右丞相萬勝。

戴壽任左丞相之前的官職是塚宰，乃是文臣之首，他本人也是文人出身。

萬勝任右丞相之前的官職是司馬，乃是武將之首，他本人是武人出身，在百官、三軍和民眾中威望很高。

實際上，明玉珍以明教立國，在教中，明玉珍名為「明一」，萬勝名為「明三」。

《明氏實錄》這樣描述萬勝：「右丞相萬勝者⋯⋯壯歲智勇過人，夏主寵愛之，妻以弟婦，故稱為明三。數歲總兵，信賞必罰，士卒樂從，所向克敵，開國之功良多。」

明玉珍逝世後，其義子明昭因私怨，假太后旨將萬勝誘殺。

《明史・明玉珍傳》稱：「勝於明氏功最多，其死，蜀人多憐之。」

可以說，萬勝之冤死，一如南朝劉宋之檀道濟，又如趙氏

南宋之岳飛。

夏國軍民憤憤不平。

平章吳友仁甚至舉旗起兵抗議。

左丞相戴壽順應軍心民意,協助繼位的明昇擒拿和誅殺了明昭及其黨羽。

但因為萬勝之死,大夏國人心離散,國勢日衰,於洪武四年(1371年)被朱元璋平滅。

這裡重點說說萬勝的第二十八代孫女萬寧。

萬寧僑居於美國,西元2011年專程回國尋根,與其父萬積慶、母張碧英、妹萬煒、同宗萬均凱到四川瀘州萬氏老家祭祖,並在文史專家趙永康先生的提醒下,參拜了與明玉珍大夏國相關的重慶彈子石摩崖大佛和大佛寺五佛殿。

事後,萬寧稱,「在參拜五佛殿時,頭頂上方冥冥的召喚讓我抬起了頭。」

她驚訝地發現了三處奇異的地方。

一、通常五佛殿供奉的是三佛兩菩薩,即釋迦牟尼的報身盧舍那佛、法身毗盧遮那佛、化身釋迦牟尼佛以及文殊菩薩、普賢菩薩。三佛兩菩薩都是面向前方,笑納善男信女的祭祀。但這座五佛殿只有中間的三佛像面向前方,旁邊的二菩薩卻面向三佛,不與參拜者的目光相接,似在躲避著什麼。

二、普通五佛殿裡面的三佛兩菩薩的服飾都是一樣的。但

第七章　斜陽餘暉：元朝的落幕

這座五佛殿中的三佛穿印藏式通肩袒胸長條袈裟，兩菩薩卻穿著漢式交領右衽長袍，明顯不同。

三、普通五佛殿裡面的三佛兩菩薩面相粗似，均是額頰圓潤、雙耳垂肩。這座五佛殿中的三佛頭現螺髻、眉心白毫，兩菩薩卻頭為巾覆、眉心無點。

在這三個奇異之處的驅使下，萬寧站了起來，走近三佛兩菩薩石像細緻觀察，發現了兩個更加驚人的地方：

一、左邊坐在青獅上的文殊菩薩，鼻子竟然是充滿戾氣的「鷹鉤鼻」！

二、右邊坐在白象上的普賢菩薩沒有右眼，是一個「獨眼龍」！

沒有任何一本書記載過普賢菩薩是「獨眼」的，讓菩薩「破相」那是大不敬，那麼，是誰要造這樣一尊「獨眼」菩薩像在這裡供世人供奉呢？

史料記載，大夏王朝開國皇帝明玉珍定都重慶後，命手下大將鄒興在長江南岸鑿石建造佛像，目的是鎮壓水患，保佑往來船隻平安。

摩崖石刻大佛像於元至正二十五年（1365年）建成，距今已有六百五十餘年。

明永樂十九年（1421年），也就是大夏國滅亡五十年後，工匠又在大佛後面的石壁上鑿了五尊佛像，建了五佛殿。

摩崖石刻大佛像為獨眼皇帝明玉珍下令建造，而大佛寺五佛殿中又出現了一位獨眼菩薩，那麼，這獨眼皇帝和獨眼菩薩之間有什麼連繫呢？萬寧大膽推測，極有可能是大夏國滅於明朝後，那些忠於或懷念明玉珍的工匠將其作為普賢替身，置於五佛殿內供奉、祈禱。

那麼，五佛殿中兩位菩薩像之一為凡人明玉珍，那另一位菩薩又是誰呢？

根據左尊右次原則，左邊那位長了「鷹鉤鼻」的文殊菩薩應該就是比明玉珍地位更加尊崇的徐壽輝！

實際上，《湖廣總志》、《太祖實錄·徐貞一本傳》等書都記載徐壽輝「姿狀龐厚」、「體貌魁岸」、「相貌異」。

這「相貌異」，主要展現在鷹鉤鼻上吧？

至此，萬寧堅定了自己的猜測，認定是身為大夏或紅巾軍後裔的工匠們，在興建五佛殿時，暗地裡用徐壽輝、明玉珍頭像替代了文殊、普賢菩薩，他們用這種移花接木的方法來供奉、祈拜、追思這兩位反元英雄、義軍帝皇、教中先輩。就因為工匠們巧妙地將徐、明二像的臉朝向中央三佛，從而躲過了官府的注意。

萬寧的猜測很快就得到了專家的認同。

飽享人間香火祭祀長達六百多年的徐壽輝和明玉珍真容雕像，得以發現、破解。

第七章　斜陽餘暉：元朝的落幕

●「成吉思汗金牌」現鑑寶節目，專家全犯難

成吉思汗起事之初，蒙古族是沒有文字的。

為此，金庸先生在《射鵰英雄傳》寫了一個很搞笑的情節，即第六回寫成吉思汗向王罕、桑昆謝罪時，因為沒有文字，寫不了信，只能特意安排了一個「能言善道」的使者前往傳情達意。而在書中的最後一回，郭靖和黃蓉準備刺殺拖雷，偷聽了成吉思汗使者傳達的消息。書中寫：「拖雷問：『大汗說什麼？』那使者跪在地下唱了起來。」金庸在行文中解釋說：「原來蒙古人開化未久，雖然有了文字，但成吉思汗卻不識字，更不會寫，有甚旨意，常命使者口唱，只是生怕遺漏，常將旨意編成歌曲，令使者唱得爛熟，複誦無誤，這才出發。」

可以說，蒙古文字從無到有的歷史，金庸從側面的反映還是比較可靠的。

即隨著成吉思汗開疆擴土、事業做大，蒙古雖然創造了文字，但這蒙古文字難以掌握，成吉思汗一直學不會。

按《元史》卷一二四記載：鐵木真在討伐乃蠻部的戰爭中，捉到一個名叫塔塔統阿的畏兀兒人。這個塔塔統阿是乃蠻部太陽汗的掌印官，掌握金印和錢穀。鐵木真得到了他，也讓他在自己身邊掌印，並幫自己下達命令旨意。一來二去，塔塔統阿就有了用畏兀兒文字母拼寫蒙古語的衝動，在得到鐵木真同意後，付諸行動，並教太子諸王學習，這就是所謂的「畏兀字

書」。從此以後，蒙古汗國算是有了自己的文字，不過，這「畏兀字書」確實難學。

實際上，根據《元史》卷二百二記載：忽必烈當皇帝時，深感「畏兀字書」不利於學習和應用，於是讓國師八思巴另創了一套「蒙古新字」。

可惜的是，八思巴「蒙古新字」歷史很短，蒙古民間也並不買帳，元朝退出中原後便迅速失效而趨於消亡了。

另外，蒙元入主中原不過百年，蒙元統治階級又有苛刻的等級特權制，蒙古人位居特權最頂端，自認為用蒙古名字、說蒙古話、寫蒙古字、穿蒙古服屬於特權利益，杜絕漢人窺伺，所以，無論是「畏兀字書」還是「蒙古新字」，漢人都諱莫如深。

正因如此，在中國歷史上，元朝最為神祕，其來去如風，留供後世研究的資料少，而且難於破解。

不過，相對「蒙古新字」的失傳來說，「畏兀字書」還是流傳了下來，畢竟，蒙古族歷史、文學的不朽鉅著《蒙古祕史》就是以「畏兀字書」寫成的。

話說，在西元2000年，有一個農民到電視臺鑑寶節目求鑑定自己家傳「金牌」的價值。據他說，「金牌」是他父親於西元1961年到洮兒河挖取沙石的時候挖出來的，發現牌子上的文字很像朋友家珍藏的成吉思汗畫像邊上的文字，懷疑與成吉思汗相關，就當成傳家寶收藏了起來。

第七章　斜陽餘暉：元朝的落幕

時過四十年，西元 2000 年這年，他做生意虧了本，資金出現了困難，急需一大筆現金，想起父親臨終前留下的這塊牌子，就想賣出去換筆錢。

農民說，「黃金有價，文物無價」，這塊牌子既然跟成吉思汗相關，價錢肯定低不了，但到底值多少，自己又說不上，所以，交了一百元的鑑定費給鑑寶節目欄，向專家請教來了。

專家們聽了他的話，相視一笑，拿起了牌子，輪流把玩起來。

牌子是金黃色的，應該有黃金成分，但純度應該不高，上面的文字稀奇古怪，根本就不是成吉思汗時代的「畏兀字書」！

專家們把玩來、把玩去，最後都搖了搖頭，如實相告，這玩意處處透著古怪，鑑定不了，但有一點可以肯定的是，這絕不是成吉思汗時代的東西。

急需用錢的農民聽了專家的話，彷彿一盆冷水從頭潑到腳。

他覺得，既然不是成吉思汗時代的東西，那文物價值就大不了，總算它的材質裡有黃金，乾脆拿去金店賣了得了。

於是，從電視臺出來，農民就沿路尋找金店出售牌子。

第一家金店老闆看了這個牌子，面露難色，說，就算它是金子做的，但不知道純度如何，沒法定價，要賣，必須得把牌子熔化掉，單賣黃金。

金店老闆的說法讓李獻功心裡直犯嘀咕。

聽鑑寶節目的專家說，牌子的含金量可能不到一半，熔化賣，能賣多少錢呢？

李獻功猶豫著，離開了這家金店。

功夫不負有心人。

連走了五六家金店後，終於，一家金銀首飾加工店的店主答應以黃金的市面價格收購整塊金牌，價格是八萬元！

李獻功一蹦三尺高，成交！

但金店老闆說，交易之前，還是要檢驗黃金的純度的，他有一種簡便的方法：從金牌上剪下一小條，再將金條放入硝酸中反應，反應完全停止時剩下的部分就是純金。

好吧，為了讓牌子盡快出手，李獻功接受了金店老闆的提議。

在金店老闆的帶領下，李獻功來到一所中學的化學實驗室。

金店老闆用剪刀從金牌上剪下一條，交給了一位化學老師。

老師先在天平上稱出被剪下金條的重量，再將金條放在加入濃硝酸的試管裡，用酒精燈加熱硝酸。

硝酸與金屬的反應加快了，幾分鐘後反應完全停止。

金店老闆對化學老師說，黃金裡面可能還有其他的雜質，

第七章　斜陽餘暉：元朝的落幕

不妨滴幾滴鹽酸再次反應一下。

化學老師愣了愣，遲疑了好一會，最後緩緩地搖了搖頭，說，這種做法是行不通的，雖說黃金不能溶解於高濃度的鹽酸、硝酸和硫酸，但是可溶於鹽酸和硝酸按3：1的比例配製成的王水，之前已加了硝酸，再加鹽酸，就配製成王水了，會溶解掉金條的。

說到這裡，老師像是有意提醒農民，說，社會上有些為牟取暴利的金店，會經常使用鹽酸和硝酸混合液為顧客清洗黃金，等顧客走後，再用大量金屬鋅從反應後的混合液中提取純金。

聽了老師的話，農民如夢初醒，心中好不懊惱，差點被這個金店老闆騙了。

得，買賣就此告吹。

也幸虧買賣告吹，牌子才沒有毀在商人之手。

回家後的農民前思後想，想起了自己在報社工作的堂弟，覺得堂弟好歹比自己多些見識，便去找他商量。

堂弟摩挲著牌子，建議拿到內蒙古大學找研究蒙古文的教授，讓他們看看上面的文字到底寫的是什麼。

行，就聽你的！

這樣，兄弟兩人踏上了開往呼和浩特的火車。

也真是巧了！

在內蒙古大學，接待兄弟倆的是精通古蒙古語的副校長。

教授目光觸及金牌的文字，脫口而出：「這是八思巴文！」

接著，教授隨口就讀了出來，並用漢語進行了翻譯：「在至高無上的神的名義下，皇帝的命令是不可違抗的。誰若不從問罪處死。」

聽說李獻功想賣這牌子，教授二話不說，表示自己願意買下。

經過協商，金牌以十九萬元成交，以美元結算。

李獻功皺著眉頭訴苦：「我們來一趟不容易，您看能不能多給一萬？」

教授爽快地答應了：「好，再給你們三百美元。」

這樣，教授付給了農民六千三百美元，把金牌買下了。

回頭，教授就把金牌慷慨地捐贈給了內蒙古大學民族博物館。

有人曾勸教授：「您轉手賣，金牌可以多賣些錢呢！」

教授斬釘截鐵地說：「金牌到我這裡就算到對地方了，再高的價錢也不能賣。」

現在，金牌成了內蒙古大學民族博物館的鎮館之寶。

第七章　斜陽餘暉：元朝的落幕

▍鐵木真姓「鐵」嗎，
　　為何會有「鐵改余姓蒙研會」？

　　話說，四川有一個余家灣，余家灣現有十九戶人家，人口在九十人以上，絕大多數都姓余。

　　這些姓余村民的衣食住行習慣、說話辦事作風，均與周圍的漢族人毫無差異。他們的民族歸屬也是「漢族」，但是，他們卻固執地認為自己屬於蒙古族。

　　他們認為自己不但是蒙古族，而且，還是蒙古族裡的黃金家族，因為，他們有一個共同的祖先——一代天驕成吉思汗。

　　這種堅持和自信源自哪呢？

　　余家灣裡德高望重——已經七十六歲的老人說，他有一本編撰於兩百年前的《余氏族譜》，上面清楚地記載著村子裡的人全都是成吉思汗曾孫鐵木健的後代。

　　老人感慨無限地說，元朝從西元1368年滅亡到今天已有六百多年，我們這個家族從元朝滅亡就遷移隱居到此地，可是居住了六百多年呢。

　　老人珍藏的《余氏家譜》其實是個殘本，大部分已經失散，僅剩下原來的很小一部分。

　　老人的姪子是個很有幹勁的人，立志要補全這部家譜。他調查研究了三十多年，走訪了內蒙古、貴州等地，已經把完整

的家譜了解清楚。

姪子說，家譜裡詳細記載了成吉思汗家族草原起兵建立元朝到他們如何逃亡到四川的這段歷史。其中涉及的歷史逸事、祖訓族規、服飾禮儀等，對研究元史及歷史變遷均有重要價值。

成吉思汗後裔為何改姓為余呢？

姪子侃侃而談，他說，成吉思汗曾孫鐵木健共育有九男一女，九個兒子都中了元朝進士，就連他女兒嫁的丈夫也沾了他家的福氣，高中了進士，家譜上因此載有「九子十進士」之說法。元順帝時，朝政混亂，天下將傾，民變四起，其中的紅巾軍起義聲勢浩大。鐵木健的子弟在朝中任宰相、尚書等要職，卻遭到奸佞小人誹謗中傷，被誣衊成內奸，暗中和紅巾軍勾結。昏庸顢頇的元順帝不分青紅皂白，傳令將鐵木健全家抄斬。鐵木健一家又不傻，豈肯坐以待斃？他們連夜逃出京城，輾轉到達瀘州鳳錦橋。為了避免人員過多暴露目標，大家決定在該處分頭跑路，並相約改姓為余，寓意「殺不盡、斬不絕，還有餘」。

說到這裡，他還饒有興味地說了一件趣事：鐵木健九子一女分手前，考慮到這一別，相見之日遙遙無期，為了讓後人記住自己是元朝皇族，十個進士每人吟詩一句，作為日後認親的憑證。

這十句詩為：

第七章　斜陽餘暉：元朝的落幕

一、本是元朝宰相家。
二、紅巾作亂入西涯。
三、瀘陽岸上分攜手。
四、鳳錦橋頭插柳杈。
五、否泰是天還是命。
六、悲傷思我又思他。
七、十人辨識歸何處。
八、散時猶如浪捲沙。
九、余字更無三兩姓。
十、一家分作萬千家。

他萬分傷感地說：「詩寫好後，十人便各自分散，沒想到這一別就是幾百年不曾相見。而在這六百多年裡，為了防止被朝廷誅殺，鐵木健後人在民間一直隱姓埋名，兄妹十人的後代都沒有會過面。」

他稍微停頓了一會，接著神采飛揚，聲音清亮起來，說：「直到我在近三十年修譜工作中，根據祖先遺留詩句，才在犍為發現了無數鐵木後裔，大家才走到了一起。」

他補充說，鐵木健九子一女在瀘州分散後，分別流落到了今天的重慶、瀘州、富順、納溪、青神、榮縣、樂山等地，我們犍為縣余家灣只是其中一支罷了。

現在，余家灣人表面與漢族人相差無異，但骨子裡還有一

些祖傳的東西不會改變。

比如，六百年來都有不過中秋節的習慣——原因很簡單——傳說，紅巾軍相約「八月十五殺韃子」，是中秋節起兵的。

還有，為了紀念成吉思汗，我的家裡一直供奉著成吉思汗的畫像，每天我都要在這個畫像前注目幾分鐘。在一些重要日子，我們全家人都會穿上蒙古族服裝走上街頭。

對於犍為居住的余氏家族堅持自己是成吉思汗後裔一事，很多專家都覺得是非常有可能的。

在樂山師範學院長期從事地方史研究的楊教授就說，元朝靠武力征服天下，統治基礎並不牢固。為了鞏固統治，蒙古貴族分散駐紮各地。元末明初時，元朝統治者敗得很匆忙，不可能撤回蒙古草原，必然在全國各地留下蒙古貴族後裔。

西元 2003 年，四川省民族研究會、四川省歷史學會經過充分研究，乾脆成立了一個名為「鐵改余姓蒙研會籌備組」，專門研究鐵改余姓這段祕史。

「鐵改余姓蒙研會籌備組」於 2003 年 3 月 27 日在宜賓市召開了明清時期西南地區蒙古族歷史和文化學術研討會。

會議期間，專家學者引經據典，一致證明鐵改余姓是蒙古族，是成吉思汗的後代。

第七章　斜陽餘暉：元朝的落幕

山民自稱成吉思汗後裔，山上有點將臺和跑馬場

成吉思汗是聞名古今中外的歷史人物。

七八百年來，中外各國的政治家、軍事家和名人學者從不同角度研究和探討成吉思汗，對於其最後的評價，爭議極多。

但不管褒與貶，都不能否認其曾經是震古爍今的存在。

柏楊在《中國人史綱》中用飽含深情的筆觸寫道：「鐵木真是歷史上最偉大的組織家暨軍事家之一，他在政治上和戰場上的光輝成就，在20世紀之前，很少人可跟他媲美。鐵木真胸襟開闊，氣度恢宏，他用深得人心的公正態度統御他那每天都在膨脹的帝國，高度智慧使他發揮出高度的才能。」

著名學者尼古拉·列里赫（Nicolas Roerich）讚頌成吉思汗領導下的蒙古民族，說：「亙古開天闢地以來沒有一個民族如此強大。」

聯合國祕書長安南（Annan）語及成吉思汗，崇敬無限，說：「游牧民族的文化是全人類偉大的文化。13世紀成吉思汗統一蒙古部落，建立了世界上舉世無雙的龐大的蒙古帝國。他所建立的政權和法律，至今對世界各國和地區仍然有正面意義。我早就有個願望，很想到具有悠久歷史的成吉思汗家鄉去看看。」

……

看看，成吉思汗的魄力是如此之雄大蓋世，魅力是如此之延澤千秋。

原本，蒙古人應該是喝馬奶、吃羊肉，策馬馳騁在萬里無垠的草原上的，你也許不會想到，會有這樣一群蒙古人，生活在大山深處，絕少與外界接觸，在山間開闢出數千平方公尺的平地，打造成由點將臺、馬槽、跑馬場、箭池等組成的騎射場，延續著蒙古族人練習騎射的習慣。

這個地方，就是重慶彭水縣高谷區鹿鳴鄉的向家壩村。

村子冠以「向家壩」之名，但村民主要是張、譚二姓。

這張、譚二姓村民加起來共有一千五百多人，來自同一個祖宗，現在身分證上全部認定為蒙古族。

七十六歲的張先生算得上較有威望的人，他經常掛在嘴邊的一句話就是：「按輩分算，我是成吉思汗第二十八代子孫。」

對於自己這個特殊身分，他說，族間有本世代流傳的家譜，前面一部分是蒙文，後面一部分是漢文，由每代傳人保管。幼時自己與夥伴從靈牌裡翻出該書，被族間長輩狠狠訓斥了一頓。家譜除保管的傳人，其他人不能隨意翻看。可惜在1960年代被焚毀，留下永遠的遺憾。

不過，他非常有自信地指著村口那塊長約七百公尺，寬約百八十公尺不等的平地，振振有詞地說，我祖父講過，這是

第七章　斜陽餘暉：元朝的落幕

蒙古族人當年練習騎射的場地。騎射場由點將臺、馬槽、跑馬場、箭池、跑馬轉彎的駐地等組成，農閒時，同族人聚集在此訓練騎射。

村裡有一座八角廟遺址，這廟原本規模很大，供有一匹泥塑白馬，村裡同族人每年都要到廟裡祭祀。要知道，蒙古族中供奉白馬的才是真正的皇族，這也是我們認為自己是成吉思汗的後人的有力證據之一。

有一個從祖先那裡口耳相傳的故事，即「八世祖張汝器在高坎子招生練武」的故事。

「汝祖（指張汝器）每批招四五十人不等，一人一騎，專門訓練騎馬射箭。人在馬上背三支箭，馬在道子裡長驅直入，到盡頭急轉彎時，騎士連發三箭，箭箭命中靶心，才算畢業。」

對本宗族遷徙歷史研究最深的張先生說：「我們全村都是蒙古族，追根溯源都是成吉思汗的後人。」

說起村子的發展史，張先生如數家珍：西元1368年前後，朱元璋的軍隊攻入大都，推翻了元朝統治，元朝末任皇帝元順帝的八位兄弟被大軍驅散，分頭逃難，其中五人逃到了四川。西元1374年，朱元璋派兵入川征剿，五兄弟被追到鳳柳江邊橋頭（今嘉陵江畔合川一帶），再一次解散以自求生路，他們盟誓吟詩：「本是元朝帝王家，洪軍追散入川涯。綠楊岸上各分手，鳳柳橋頭插柳椏。各奔前程去安家。咬破指頭書血字，揮開眼淚滴痕沙。後人記得詩八句，五百年前是一家。」數百

年後,其中一支後裔居住在現重慶奉節附近,傳人譚啟鶯還成為明朝川湖總督屬下武官。西元 1648 年明朝覆滅,譚啟鶯不願降清,逃至彭水下塘口,被當地一張姓人家收留在此隱居,並攀親成為張家姑爺,改姓張,改名攀貴。張攀貴後來育有三子,長子姓張,其餘兩子姓譚,並搬遷到鹿鳴向家壩定居。從此,他的後人便姓張、譚二姓,共用同一宗祠與家譜。而當年元朝皇室八兄弟臨別時的詩句,也作為祖訓代代相傳。

當然,也有專家對這個傳說的細節有所質疑,理由是據《元史》記載,元順帝為元明宗長子,而明宗只有二子,所以帝王八兄弟之說無依據。但專家普遍認為,蒙語漢譯多以「八」字開頭,所以八很可能不是實指,而是蒙古子孫流入四川後,為紀念祖先按漢語具化而來。

「因是同宗,祖宗要求張、譚兩姓不通婚。這是村裡保留得最好的習俗,數百年來無人打破禁忌,無論娶的媳婦或找的女婿,都來自外姓。」

的確,村子裡曾有張、譚兩家共用的祠堂,祠堂內的石凳、水缸、灶頭等用具均做成八面、八方或八角形狀,房屋結構也保留了「沙帽頂」,大致和蒙古包的樣式相仿。

村裡八十一歲的張爺爺稱,自他記事起,每年農曆二月十七日,全村蒙古族人都要聚集在一起,共同祭祀他們的先祖。祭祀儀式上,由族裡傳人講述蒙古族逃難遷徙的歷史,再一起吃頓飯,當地人稱蘇魯定節。

第七章　斜陽餘暉：元朝的落幕

「現在，同族人中有老者去世，寫包封時，有人還會把成吉思汗叫汗，當作祖先寫上。」

「不管怎麼樣，我們就是希望把傳統的文化習俗重新發揚光大。」

這幾年來，多位專家及內蒙古相關機構都曾來這裡進行考察和研究。其中，電視臺還來拍攝了專題節目。最最重要的是，村裡一千五百人的身分證上，都標明了蒙古族的身分。這讓大家更加堅定了恢復傳統習俗的決心。

民族研究所所長卻說，儘管向家壩人的推算和說法有一定道理，但因歷史久遠，需要支持這個觀點的證據有待進一步挖掘，他本人不敢妄下結論。

倒是長江師範學院王教授申報了一個名為〈散雜居民族的文化變遷與文化固守 —— 重慶蒙古族的個案研究〉的課題，已成功立項。在展開的少數民族特色村寨保護與發展專案中，向家壩蒙古族聚居點已被列入中長期建設規劃。

與世隔絕的大山深處，深藏八百多成吉思汗後裔

湖北西南部恩施土家族苗族自治州鶴峰縣是個神奇的地方。這個地方古稱拓溪、容美，又稱容陽，戰國屬巫郡，秦時

屬黔中郡，漢時屬武陵郡，元代屬四川，明清歸湖廣。

清雍正十三年（1735年）「改土歸流」始名鶴峰，置直隸州，屬宜昌府。光緒三十年（1904年）升直隸廳，隸屬施鶴道，直屬湖北布政使司。

西元1980年在鶴峰成立土家族自治縣，仍屬恩施行署。三年之後，即西元1983年設立鄂西土家族苗族自治州，撤鶴峰土家族自治縣，仍然稱鶴峰縣。

鶴峰屬於著名的高山縣，平均海拔1,147公尺。西元2000年第五次人口普查，全縣總人口約22萬，少數民族人口11.2萬，占51%，其中土家族10.5萬，苗族6,480人。

但很多人不會想到，在這個遍布高山密林的小縣，竟然生活著一個來自遙遠草原的少數民族──蒙古族。

說起來，這個蒙古族還是一代天驕成吉思汗的後裔──草原黃金家族呢。

現在，還有很多人感到難以置信。

要知道，這個族群隱匿在雲蒙山大山深處，與外界隔絕，長達三百年來不為外人知曉。

雲蒙山在鶴峰縣中營鄉三家臺，多深溝峽谷和懸崖峭壁，最高處海拔2,054.2公尺，最低處海拔1,320公尺，年降雨量豐沛，森林資源豐富，共有254戶人家散居在18.8平方公里的山腰、坡尖、坪壩。

第七章　斜陽餘暉：元朝的落幕

村民都自稱是「成吉思汗子孫」。

房屋也依照草原蒙古包的外形建造，充滿了草原民族風情。

宗族族長的家裡珍藏著一部寶貴的家譜，記載著他們祖先的淵源、傳承和遷徙。

其中的開篇赫然記道：「舊有記云，吾家鐵木真姓也，原籍蒙古，元太祖之後。元史順帝時，信州鎮南王之子，被陳友諒兵敗，大聖奴不知所終，公之先遠祖有諱斡難，兀者因居斡難河之源，因以為氏，其以部為姓，則始於公，故奉為一世祖，葬松滋苦竹寺，今稱部家大墳者是。」從這段文字不難看出，鶴峰三家臺村部氏家族就是成吉思汗的後代，在松滋一個叫苦竹寺的地方還葬有他們的祖先。

現在，部先瑞老人家堂屋正中家神上，還供奉著成吉思汗畫像。

相關史書也有記載：成吉思汗的四個兒子被稱為「四曲律」（「曲律」是蒙古族對卓越的人才的敬稱），成為成吉思汗黃金家族的四大支柱。忽必烈統一中原後，為了加強對全國的管理，分封諸子藩鎮要地。部先瑞老人所藏家譜上提到的「鎮南王」，是忽必烈第九子脫歡。脫歡得到的是全國最富有的江淮地區，鎮所初設武昌，後又移鎮揚州，他本人後來成了蒙古族家族河南、湖北分支的始祖。元代最後一位鎮南王大聖奴，於至正十九年（1359 年）守信州（今江西省上饒市），被陳友諒部

屬攻陷，大聖奴身亡。大聖奴一小兒被義僕收留，藏在觀音菩薩的龕座下，得以倖存。後長大成人，改部姓，意為祖先曾是蒙古草原上驍勇善戰的「部落」。因得觀音菩薩庇護脫生，取諧音「官蔭」為名。部官蔭便是部姓始祖。

部先瑞翻著家譜，指著上面的相關文字，介紹說約清乾隆二十一年（1757年），進山公公部氏十一世祖部錫侯從湖南澧州遷入鶴峰中營鄉三家臺落業。至今已扎根三家臺生息繁衍二百三十多年了。

部先瑞家裡的家譜得到了內蒙古自治區民族事務委員會的認可。

該委員會認定，流落在鶴峰的部氏家族是六百多年前因戰爭進入中原後失散的成吉思汗後裔。其世系初步考證為：成吉思汗 —— 拖雷 —— 忽必烈 —— 脫歡 —— 脫不花 —— 孛羅不花 —— 大聖奴 —— 部姓族人。這支部姓後裔，共八十四派，目前已傳承十代。

● 此人自稱成吉思汗後裔，知道陵墓在哪裡

現在在內蒙古自治區西部的鄂爾多斯高原上有一座成吉思汗的陵墓。

但這裡其實只是一座衣冠塚而已！

第七章　斜陽餘暉：元朝的落幕

人們關心的是成吉思汗的真墓到底在哪。

最近兩百年間，曾有一百多個考察隊，為此四處搜索。最近 20 年，這種探尋活動仍未停止，而且有不斷升溫的趨勢。有些機構甚至不惜投入、動用精密儀器，調動各種手段。成吉思汗究竟葬於何處？這至今還是一個待解之謎。

在西元 2012 年 10 月，河南龍門石窟研究所原所長突然丟擲了「成吉思汗陵道孚說」，即他認為成吉思汗葬於甘孜州道孚縣協德鄉。

對於他的說法，專家持疑問觀點，他說：「『道孚說』不過是『成陵之謎』的一個新版本。迄今為止，關於這個謎，已有多種版本。但無論哪一種，都沒有有力的證據。『道孚說』也僅僅是一種猜測。」

所長為了證明自己所說有據，稱在西元 2010 年，內蒙古呼倫貝爾市委宣傳部部長曾告訴他的一條「民間消息」——成吉思汗陵是在四川大金川、小金川之間，為此，他特地到實地考察了一番。大金川和小金川就是現在的金川縣、小金縣。經過考察，他把成吉思汗陵的具體位置定位在小金縣西邊的甘孜州道孚縣協德鄉。

那麼，「民間消息」是從何而來呢？

所長說，消息提供者是一位廚師。這位廚師的母親自稱是成吉思汗第三十四代後裔。廚師還曾拿出過幾件文物予以佐證。

此人曾向媒體透露過「成吉思汗陵墓在四川」的說法，一度引起國內外多家媒體的關注，但學術界沒有給予相關重視。

當專家和記者找到她家時，才得知她已於西元 2011 年年底去世，她做廚師的兒子也已經脫離廚師行業，玩起了古玩，在古玩市場經營一家古玩店。

面對專家和記者，已經六十三歲的兒子自豪地說：「母親是獨生女，我是她的唯一繼承人，因此我是成吉思汗第三十五代後裔。」

他也坦承，「成吉思汗陵墓在甘孜」這個祕密，就是他說的。

至於丟擲「成吉思汗陵道孚說」的所長，他不屑地說：「我和我母親從來沒有與他見過面，他說的實地考察得出的結論太盲目了，明顯走錯了。其實我很想跟他聯手，結果他去考察，卻不與知道這個祕密的我聯絡，真不知道他是怎麼想的。」

當專家鄭重問起成吉思汗陵墓到底在何處，滕傳義卻賣起了關子：「我是後裔，成陵在哪我能不知道？但我沒有義務說出來。」

為了搞清楚滕傳義究竟是不是成吉思汗的後裔，專家和記者找大連警方查證，滕傳義的戶籍顯示是漢族。

不過，有分析說，有可能是登記錯誤，或父親是漢族。不過，可疑的是，因為按他自己所說，他是如此重視自己的身

第七章　斜陽餘暉：元朝的落幕

世，而母親真是蒙古族的話，他被登記成漢族了，他怎麼不反映？

另外，戶籍上登記的籍貫因其母親已經去世，其戶口已經銷戶，難以查證。

有趣的是，那天專家和記者從古玩店出來時，他在後面大聲說：「我要去四川去祭祖，晚來一天，可能就不好找我了。」

所以，當記者致電時，他沒有接電話，而是回覆了一條簡訊，稱：「已抵達成都。」

他的說法是真是假，只有他自己知道了。

日本英雄源義經是怎麼被演化成成吉思汗的？

源義經是日本人愛戴的傳統英雄之一，誰要說源義經不好，日本人就會跟誰急！

源義經的河內源氏是清和源氏的一支，英雄輩出，各代都有名將。

梟雄平清盛於平治元年（1159年）策動「平治之亂」，源義經的父親源義朝敗亡，平清盛順利奪取了京都政權。

為斬草除根，平清盛大肆捕殺源義朝的子女。

源義經當時只有一歲，在母親常盤的懷裡呱呱地哭鬧著要

吃奶。在風雪中逃亡的常盤最終躲不開平清盛的追殺，跪倒在平清盛的馬蹄下。

平清盛是個色中餓鬼，被常盤的美貌所吸引，一見鍾情，放下屠刀，納常盤為小妾。

為了孩子的性命，常盤堅守一個原則「即使肉體的節操交給仇人，內心的節操還是屬於義朝的」，嫁給了平清盛。

平清盛色令智昏，養虎為患，把敵人的兒子撫養大了。

源義經在母親的精心培養下，文武雙全，在十六歲那年投奔了奧州的藤原秀衡。

奧州藤原氏擁有陸奧、出羽兩國，勢力相當強大。藤原氏第三代秀衡賞識源義經的才華，對他十分優待。

源義經的異母兄源賴朝於治承四年（1880年）八月奉以仁王討伐平氏的命令，糾合東國（關東諸國）的源氏家人起兵。

源義經積極響應出征，在藤原秀衡的支持下，領藤原家臣佐藤繼信、忠信兄弟會見了哥哥賴朝，合力攻打平氏。

經過多番較量、反覆鏖戰，文治元年（1185年）二月，義經在壇浦（今山口縣下關市）全殲平氏軍，報了不共戴天的殺父之仇。

然而，功成之日，便是兄弟反目之時。

源賴朝忌妒弟弟源義經的才幹，不但不許源義經返回鎌倉，還收回了過去賜予源義經的二十四處平家充公領地。

第七章　斜陽餘暉：元朝的落幕

這還不算，源賴朝還派人向源義經行刺。

行刺失敗後，一不做、二不休，源賴朝親率大軍討伐源義經。

源義經見情勢不好，倉皇離開京都出逃，歷盡千辛萬苦，於文治三年（1187年）回到了奧州。

藤原秀衡要為源義經出頭，無奈身患重病，有心無力。臨死前，藤原秀衡留下遺言，要後嗣泰衡和國衡和睦相處，並以源義經為大將，合力討伐源賴朝。

藤原秀衡很傻很天真，權力這種東西，從來都不是可以共享的，就如源賴朝，為了權力的獨享，不惜對兄弟源義經痛下殺手。

泰衡和國衡也一樣，根本不可能同心協力。

文治五年（1189年）閏四月，泰衡為壓倒兄弟國衡，與源賴朝相勾結，驀然發兵襲擊源義經。

源義經的部眾全部戰死。

源義經自知大限已到，走進持佛堂，殘忍地割下妻子的頭顱，又撲殺了自己四歲的女兒，最後取出自幼不離身的防衛刀「今劍」，忍著劇痛，為自己開膛剖腹，抽出腸子，寸寸切割，並從容吩咐手下人縱火燒館，最後斷氣，時年三十一歲。

《吾妻鏡》文治五年條明確記：「（源義經）入豫州持佛堂，先害妻子，次自殺。」

泰衡派使者新田高平把源義經的首級浸泡在烈酒中，帶到腰越向源賴朝請功。

源賴朝驗明是源義經的首級無誤，命人葬於藤澤（今高座郡藤澤宿板戶町白旗明神社）。

源義經的死很壯烈，而且，毫無人性的殺妻殺女行為、不怕痛的切腹狠勁，極符合武士道精神。

源義經生前並不很引人注目，但死後卻得到京都貴族的賞識，迅速封神。許多關於源義經的傳說和故事，仿如一夜之間，出現在淨琉璃、歌舞伎、幸若舞、謠曲等各式各樣的文藝形式之中，廣植於民間。

源義經成了日本人典型的英雄人物。

也不知是誰，突然靈光一閃，認為源義經這樣的英雄人物如此草率地死去，未免太過可惜。不行！英雄的故事不能就此結束！源義經應該還沒有死！他應該在另一個戰場繼續創造奇蹟。

於是，在日本的江戶時代，有人捏造出源義經逃出日本，到達中國，成了當時金帝國一員威名遠播的大將的故事。

故事是這樣說的，源義經在形勢危急之際，將與自己面貌相似的杉目太郎行信留下做替死鬼，自己金蟬脫殼，帶一幫家臣逃到北方，渡海入北海道，再經由庫頁島到了中國。

為了證明所說非虛，捏造這則故事的人言之鑿鑿地說，《金史別本》中明確記載有西元 12 世紀金朝盛世時有一位名叫「源

第七章　斜陽餘暉：元朝的落幕

義經」的大將。

其實，《金史別本》也是日本人的偽作。

日本人這一天馬行空的胡編亂造，極富戲劇性，吸引了大批眼球。

旅日德國醫生西博爾德（Siebold）鄭重其事地把源義經這段「死後復生」的奇聞記載於其著作《日本》中。

後來成為伊藤博文內閣的大臣末松謙澄在劍橋大學留學期間，有緣目睹了西博爾德的大作《日本》，便以之為藍本，發表了自己的畢業論文〈義經再興記〉。

日本明治時代，日本積極向海外擴張帝國疆域，垂涎於物產豐饒的滿洲，別有用心的人竟然有鼻子有眼地說，在乾隆帝的御文中，曾出現「祖傳朕之先祖本姓『源』，諱『義經』，世出『清和』，故國號『清』」的文字。

在這種背景下，源義經就不再單單是金朝的大將了。

驚世駭俗的結論出來了：橫掃歐亞大陸的一代天驕成吉思汗就是從日本逃出的源義經！

留學美國哈佛、耶魯大學並取得博士學位的小谷部全一郎在大正十一年（1922年）推出了他的成名代表作《成吉思汗就是源義經》一書。

書中為證明「成吉思汗是源義經」，提出的幾項「有力」依據是：

一、源義經的日語讀音與「成吉思」的日語讀音比較相似，二者有一定關聯。

二、源義經的家族紋章「膽」與蒙古帝國的徽章很相似，二者定有淵源。

三、元世祖忽必烈後來向日本發動進攻，那是為了祖先成吉思汗（源義經）而向鎌倉幕府復仇。

《成吉思汗就是源義經》一書主旨與當時日本帝國主義的擴張思潮不謀而合，因此成了日本熱推的暢銷書，成吉思汗說由此迅速廣為人知。

西元 1958 年，高木彬光還在推理小說雜誌《寶石》上連載了〈成吉思汗的祕密〉，後來又單獨結集出版。

高木彬光所說的「成吉思汗的祕密」，是說成吉思汗這個名字用日本式漢文來讀可以讀成「吉成思汗」，而源義經和他的愛人靜御前是在吉野山相愛成婚的。「汗」字則可以拆分為「水干」，是靜御前常穿的服飾。因此，「吉成思汗」就可以解釋為「吉野山成婚，懷念靜御前」。

另外，高木彬光還認為源義經和成吉思汗出生年代幾乎相同，而且衣川之戰後約五年成吉思汗才開始活動，這不能說是偶然的一致。

不過，有一個硬傷，日本專家沒能解釋清楚：源義經的身高只有 131 公分！而根據一位波斯使者的描述以及鄂爾多斯阿

第七章　斜陽餘暉：元朝的落幕

爾寨石窟的一些情景推斷，成吉思汗的身高應該有 180 公分！當年成吉思汗西征西夏王朝時，曾在鄂爾多斯阿爾寨石窟養傷，手下為他修了一個可以坐著射箭的臺階，根據這臺階的高度，人們可以計算出他的腿長，進而計算出他的身高。

源義經的 131 公分身高並非後人故意醜化，實際上，古代日本人普遍都很矮，絕大多數將軍還沒有弓高，腳特別短，嚴重不合比例，頭大腳小。簡單列舉一下日本戰國名將的身高：被日本人稱為「日本張飛」的猛將本多忠勝身高在 143 公分左右、德川家康 156 公分、織田信長 166 公分、豐臣秀吉 140 公分、石田三成 156 公分、真田幸村 163 公分、武田信玄 162 公分、上杉謙信 156 公分、伊達政宗 159.4 公分、池田輝政 130 公分、山縣昌景 130 公分、德川綱吉 124 公分……

所以說，131 公分的源義經突然變成了 180 公分的成吉思汗的「奇怪現象」，日本專家裝作沒看見，不做任何解釋。

國家圖書館出版品預行編目資料

風雲黃沙下的大元，鐵馬征途下的帝國傳奇：戰火硝煙、權力博弈、文化交融⋯⋯書寫歷史奇蹟、重塑歐亞歷史！/ 覃仕勇 著. -- 第一版. -- 臺北市：崧燁文化事業有限公司, 2025.01
面；　公分
POD 版
ISBN 978-626-416-208-1(平裝)
1.CST: 元史 2.CST: 通俗史話
625.7　　113019729

電子書購買

爽讀 APP

風雲黃沙下的大元，鐵馬征途下的帝國傳奇：戰火硝煙、權力博弈、文化交融⋯⋯書寫歷史奇蹟、重塑歐亞歷史！

臉書

作　　　者：覃仕勇
責任編輯：高惠娟
發　行　人：黃振庭
出　版　者：崧燁文化事業有限公司
發　行　者：崧燁文化事業有限公司
E - m a i l：sonbookservice@gmail.com
粉　絲　頁：https://www.facebook.com/sonbookss/
網　　　址：https://sonbook.net/
地　　　址：台北市中正區重慶南路一段 61 號 8 樓
8F., No.61, Sec. 1, Chongqing S. Rd., Zhongzheng Dist., Taipei City 100, Taiwan
電　　　話：(02) 2370-3310　　傳　　真：(02) 2388-1990
印　　　刷：京峯數位服務有限公司
律師顧問：廣華律師事務所 張珮琦律師

-版權聲明

本書版權為樂律文化所有授權崧燁文化事業有限公司獨家發行電子書及紙本書。若有其他相關權利及授權需求請與本公司聯繫。
未經書面許可，不可複製、發行。

定　　　價：375 元
發行日期：2025 年 01 月第一版
◎本書以 POD 印製